Votre très humble
et très obéissant serviteur

HENRI TROYAT

Henri Troyat

de l'Académie française

Votre très humble et très obéissant serviteur

Éditions J'ai lu

AVANT-PROPOS

Le héros de ce récit est, de toute évidence, imaginaire, mais bon nombre des personnages qui l'entourent ont réellement existé. Quelques-uns ont même laissé un grand nom dans l'Histoire. En confrontant ainsi une créature fictive à de solides figures du passé, j'ai certes un peu brouillé les cartes. Mais, si l'exactitude est la règle du biographe, la fantaisie est celle du romancier. Depuis la nuit des temps, le propre du conteur de fables est d'inventer la vérité et d'authentifier le mensonge.

H. T.

PREMIÈRE PARTIE

I

Comment ai-je pu croire, en arrivant à Danilovo, que je souffrirais d'être coupé de Saint-Pétersbourg, de ses fastes, de ses clabauderies, de ses luttes sournoises pour l'avancement ? Quand je me retourne sur mon passé, je constate que je n'ai nulle part connu de paix plus profonde que dans ce trou de province. Pourtant, rien ne me destinait à une retraite philosophique parmi le murmure des feuillages et le pépiement des oiseaux. Je suis, par essence, un homme de la ville. Certes, mes parents possédaient jadis, du côté de Tver, un vaste domaine, peuplé de mille cinq cents serfs. Mais nous n'y allions jamais. Un régisseur allemand, Karl Schütz, en assurait l'exploitation avec honnêteté et compétence. Ennemi des chiffres, mon père, Ivan Nikitytch Chevezoff, lui renvoyait ses comptes de gestion sans les lire. Aussi loin que je remonte dans mes souvenirs, je le vois uniquement préoccupé du scintillement de la vie mondaine. Ma mère elle-même préférait les plaisirs de la société à ceux de la campagne. Je l'ai toujours connue renfermée, distante, irritée pour un rien. Combien elle a changé avec les années ! Est-ce vraiment elle, cette vieille dame un peu lasse, mais encore pleine d'autorité, qui partage ma vie ? Comme moi, elle s'est détournée sans regret des lumières de la capitale. Tandis que j'écris ces lignes, les éclats d'une réprimande me parviennent à travers la cloison. Ma mère tarabuste une servante coupable de quelque peccadille. Sa voix haut perchée m'agace et me rassure tout ensemble. Si je ne l'entendais plus, je serais très malheureux.

A-t-elle été amoureuse de mon père ? Oui, vraisemblablement. Et lui d'elle ? J'en doute. Orpheline, élevée par une tante, elle était considérée à Saint-Pétersbourg comme un parti enviable et on chuchotait dans les salons, de bouche à oreille, le montant de l'héritage qui lui venait de ses parents. Mon père, lui, n'avait pour tout bagage que sa prestance, son éloquence, sa moustache parfumée et son regard de velours. En apercevant cette demoiselle Sophie Alexeïevna Pozniakoff à un bal, il avait aussitôt flairé la bonne affaire. À cette époque, il servait comme lieutenant dans le régiment des chasseurs de la garde impériale. La carrière militaire n'était pas dans la courbe de son destin. En un tournemain, il fit la conquête de la jeune fille. Éblouie, étourdie, elle accepta ses compliments sans en deviner l'arrière-pensée tactique. Le nom de Chevezoff était d'ailleurs tout à fait honorable. La noblesse de la lignée remontait au XVIe siècle et plusieurs ancêtres d'Ivan Nikitytch s'étaient distingués comme officiers ou diplomates sous les règnes précédents. Ayant, selon l'usage, obtenu le consentement de ses chefs, mon père se maria en 1754. Après quoi, il démissionna de l'armée et s'installa avec sa jeune femme à Moscou. Elle y possédait une grande et belle maison dans le quartier de l'Arbate.

C'est là que j'ai vu le jour, l'année suivante, c'est là que j'ai grandi, au milieu d'une nuée de serviteurs dont je confonds les noms et les visages. De ce brouillard, émergent pourtant quelques silhouettes inoubliables : la première est ma *niania* Akoulina, avec sa face ronde et réjouie sous le *kokochnick*[1] national, ses colliers de perles de verre et son tablier rouge tendu sur son gros ventre. Elle s'obstinait à me raconter des légendes russes et à me seriner des dictons populaires, alors que mes parents souhaitaient pour leur fils une éducation résolument européenne. Dès son avènement, l'impératrice Élisabeth avait imposé au palais les modes françaises. Mon père, qui en toute chose suivait le courant, avait alors engagé un perruquier français. Après l'avoir coiffé et poudré, cet homme, qui se disait aussi expert en littérature qu'en art capillaire, venait me rejoindre dans ma chambre pour me familiariser avec la langue du divin Parny. Mes parents eussent préféré embaucher un précepteur de métier, mais on n'en trouvait pas à Moscou, en ce temps-là, et, pour l'instruction de leurs

1. Coiffure russe traditionnelle.

enfants, les personnes de haut rang devaient se rabattre sur les artisans qui se prévalaient d'un passeport français, fussent-ils arracheurs de dents ou valets de chiens. Notre perruquier s'appelait Joseph Proutier et prétendait s'être expatrié pour échapper aux foudres d'une femme jalouse. Petit, leste, précieux et bavard, il m'enchantait par sa faconde et ses grimaces. La *niania* Akoulina n'avait plus d'autres fonctions que de me débarbouiller, de m'habiller et de me conduire au pot. Dès l'âge de six ans, je lui échappai définitivement pour passer sous la coupe de Joseph Proutier.

Il logeait dans une chambre contiguë à la mienne. La nuit, il laissait la porte de communication entrouverte pour le cas où je l'appellerais dans un cauchemar. Sur sa table, s'alignaient des flacons de parfum, des petits vases de porcelaine pour les diverses pommades, des boîtes à poudre, des peignes, des brosses, des fers à friser… Je regardais ces objets avec convoitise. Il me permettait parfois d'y toucher. Mais du bout des doigts, comme s'il se fût agi de reliques. Quel âge avait-il ? Trente ans j'imagine, peut-être plus… Il me parlait souvent de son passé de perruquier parisien. Toutes les grandes dames, tous les grands seigneurs de France avaient été, disait-il, ses clients. Il affirmait s'être rendu plusieurs fois au château de Versailles pour coiffer la marquise de Pompadour. Louis XV lui-même avait eu recours, un soir de bal, à ses talents pour ajuster sa perruque qui bâillait sur les tempes. Blasé par tant de succès, Joseph Proutier voyait en la Russie un pays arriéré, certes, mais hospitalier et généreux, dont la vocation était de devenir peu à peu une colonie intellectuelle de la France. Comme il ne savait pas un mot de russe, mes progrès en français, à son contact, furent rapides et durables. À la maison, tout le monde, hormis les domestiques, parlait français. Et c'est tout naturellement en français que j'écris, au soir de ma vie, ce récit, dont la sincérité sera le seul mérite.

Tandis que je rêve sur la page blanche, j'ai toujours dans les narines l'odeur de cosmétique qui m'enveloppait dès que Joseph Proutier entrait, de sa démarche dansante, dans ma chambre d'enfant. Lorsqu'il se penchait sur mon épaule pour corriger les fautes d'orthographe de ma dictée, il me semblait, à le respirer, que je plongeais dans quelque Orient enchanteur. N'est-il pas encore en train de me surveiller alors que, la plume en l'air, je traque les images d'un passé qui tour à tour me hante et m'échappe ?

À treize ans, il me fit lire Jean-Baptiste Rousseau, Voltaire, Parny… Ces livres, il les prenait dans la bibliothèque de mon père, exclusivement composée d'ouvrages français. Elle était assez bien fournie pour l'époque : trois cent cinquante volumes… Je ne les ai point tous lus, bien sûr. Mais nombreux sont ceux qui me sont passés entre les mains. Il y avait parmi eux des opuscules libertins, ce qui ne gênait nullement mon mentor. À l'instar de mon père, il professait qu'en littérature le talent excuse la licence. Au vrai, le peu que je sais, je le dois à ce saltimbanque, vif d'esprit, souple d'échine, qui eût assurément mérité un autre emploi que celui de perruquier.

Sur son initiative, mon père décida, un beau jour, de donner des noms français à tous ses serviteurs russes. Les Vannka et les Douniacha devinrent des Valère et des Dorine. Mais on ne changea pas leur livrée. Ils grognèrent en sourdine avant de prendre leur parti de ces appellations moliéresques. Akoulina, par exemple, pleura quand ma mère lui annonça qu'elle serait désormais Louison ; puis elle s'habitua, comme les autres.

Or, tout à coup, ce fut l'orage. Un matin, j'appris que Joseph Proutier devait nous quitter. Ma mère le mettait à la porte. Consterné, j'interrogeai mes parents sur les motifs de ce renvoi. Ils refusèrent de me répondre. De son côté, Joseph Proutier se contentait de soupirer : « Je suis injustement broyé par la roue du destin. » Ce fut Akoulina, pardon : « Louison », qui me renseigna. Le perruquier avait engrossé la lingère, épouse légitime du cuisinier. Cette aventure me glaça. Pendant une semaine, je restai sans professeur et comme exilé de France. En le chassant, ce n'était pas lui que mes parents avaient puni, mais moi. Et soudain, il reparut chez nous. Ayant entendu dire que le coupable allait être engagé par une riche famille moscovite avec laquelle nous étions en froid, mon père, furieux, s'était dépêché de le reprendre à son service. Il augmenta même ses gages pour être sûr de le conserver. Joseph Proutier eut la sagesse de ne tirer aucune gloire de ce retour. Sa discrétion dans le triomphe acheva de convaincre mes parents qu'ils avaient eu raison de lui pardonner ses débordements amoureux. En ce qui me concerne, je retrouvai avec gratitude un interlocuteur dont l'absence avait fait de moi, quelques jours durant, un orphelin de la pensée. À ses côtés, j'avais l'impression d'être Candide découvrant le monde. Mais il avait sur le Pangloss de Voltaire l'avantage de n'être pas pédant. Sa science était dispersée et cocasse, incomplète et virevoltante. Il s'amusait à m'instruire et je me distrayais à apprendre. Bien entendu, la lingère fut renvoyée dans son village. Elle y mit son enfant au monde et personne n'entendit plus parler d'elle. Une autre paysanne, tout aussi habile, la remplaça. Mais ma mère l'avait choisie laide pour éviter de nouvelles tentations à notre don Juan. Quant au mari, il resta rivé à ses fourneaux. On avait trop besoin de lui aux cuisines pour se préoccuper plus longtemps de sa mésaventure conjugale. Chez nous, les petites gens n'ont pas droit aux drames sentimentaux. D'ailleurs, à ce que je crois savoir, le bonhomme se consola très vite avec une femme de chambre.

Pendant plusieurs mois encore, notre vie continua ainsi dans l'aisance, l'insouciance et le divertissement. J'avais toujours peu de rapports avec mes parents, qui papillonnaient de réception en réception, de bal en bal, de spectacle en spectacle, et se déchargeaient sur Joseph Proutier de tous les soins concernant l'ornement de mon esprit et la santé de mon corps. Ma mère, nerveuse, capricieuse, me défendait d'entrer dans sa chambre lorsqu'elle était plongée dans la lecture de quelque roman français. Aux repas, elle se montrait souvent renfrognée, parce que mon père passait ses journées à l'extérieur et qu'elle le soupçonnait de lui être infidèle. Indifférent à ces reproches, il affectait de tenir pour légères les chaînes sacrées du mariage et se moquait des larmes de sa femme. Quand ils se disputaient à table, ce qui arrivait environ un soir sur trois, Joseph Proutier et moi piquions du nez dans nos assiettes. Mais il suffisait de la perspective d'une sortie pour que les deux époux se transfigurassent. Après s'être retirée dans ses appartements avec sa soubrette, ma mère reparaissait, à l'heure du départ, le visage reposé, le teint clair et le sourire aux lèvres. Mon père, de son côté, ayant achevé sa toilette, affichait une telle prévenance envers sa chère moitié que n'importe qui les eût pris, au premier regard, pour un couple amoureux. Je les revois ainsi : elle ostensiblement radieuse dans sa robe de brocart à ramages, lui protecteur et doux sous sa perruque bouclée et poudrée par Joseph Proutier. Et ces parents de rêve, ayant changé d'âme en même temps que de vêtements, me donnaient le baiser du soir avant de monter en calèche.

Quand nous recevions, c'était la même comédie. Il m'arrivait d'observer la fête par la porte entrebâillée du salon, alors que tout le monde me croyait au lit. Devant ses hôtes émerveillés, mon père faisait la roue. Il aimait réciter en public des vers français de sa composition et lancer des calembours, également français, qu'il préparait longtemps à l'avance. Ma mère riait, applaudissait avec les autres, bien que, dans son for intérieur, elle le jugeât grotesque. À peine le dernier invité avait-il quitté la maison qu'elle et lui reprenaient leur vrai visage. La haine, le mépris, l'ennui les habitaient de nouveau. Je me retirais sur la pointe des pieds, avec le sentiment que tout, dans notre famille, n'était que faux-semblant, décor et singerie. Oui, décidément, le principal souci de mes parents n'était pas d'*être*, mais de *paraître*. Je préférais encore, à cet étalage de vanité, la désinvolture sarcastique de Joseph Proutier. Sa petite naissance transparaissait parfois dans nos conversations, mais il me charmait tandis que mes parents m'inspiraient une terreur et une répulsion qui grandissaient avec l'âge. Je m'étais persuadé que je les gênais, que je les empêchais de se quereller à leur guise, qu'ils se fussent volontiers débarrassés de moi pour se consacrer, toutes griffes dehors, à leur mésentente.

Comme je l'ai dit plus haut, vivant de leurs revenus, ils ne voulaient même pas s'occuper de la gestion du domaine. Or, d'année en année, le chiffre des recettes baissait. Les récoltes étaient toujours plus mauvaises, par la faute des intempéries et de la paresse des paysans. Bientôt, nous ne reçûmes plus de la campagne que quelques centaines de roubles par an, une dizaine de carrioles de volailles gelées, des œufs et du beurre. Une députation de moujiks vint à

Moscou pour se plaindre du régisseur Karl Schütz, qui, disaient-ils, volait le barine, exploitait les champs pour son propre compte et faisait administrer les verges à tous ceux qui osaient lui tenir tête. Mon père, que ces histoires campagnardes ennuyaient jusqu'à la nausée, chassa les malheureux avant même d'avoir écouté toutes leurs doléances.

Entre-temps, il s'était mis à jouer gros chez des amis, en ville. Certains soirs, en passant devant la porte de son cabinet de travail, j'entendais des éclats de voix. Ma mère lui reprochait de la ruiner sans le moindre scrupule. Une fois, comme elle insistait pour qu'il renonçât à cette coûteuse manie, il la frappa. Je n'ai certes pas assisté à la scène, mais j'ai été épouvanté par ces cris de femme battue. Réfugié dans ma chambre, je pleurai si fort que Joseph Proutier me demanda la raison de mon chagrin. Je lui avouai tout. Il était déjà au courant. D'après lui, notre famille allait droit au désastre.

Bientôt, il fallut vendre des terres et des serfs pour rembourser les dettes les plus criardes. Mes parents réduisirent leur train de vie. Nous n'eûmes plus que huit domestiques à demeure. Joseph Proutier fut congédié. On lui devait six mois de gages et il avait trouvé une autre place. J'avais quinze ans. Le jour de son départ, il me parut si ému que je me reprochai de l'avoir parfois considéré comme un être superficiel. Il me serra longuement dans ses bras et déposa un baiser sur mon front. « Sachez, mon cher Constantin, que votre véritable existence n'a pas encore commencé », me dit-il en franchissant le seuil.

Une semaine plus tard, bien que notre déconfiture fût connue de tout Moscou, mon père s'avisa de donner une grande fête et d'y convier les amis qui lui étaient restés fidèles dans l'adversité. Certains, craignant qu'il ne voulût profiter de l'occasion pour leur emprunter encore de l'argent, se dérobèrent sous différents prétextes. Mais d'autres, très nombreux, acceptèrent, mus sans doute par une malveillante curiosité. Aussitôt la décision prise, une fièvre joyeuse s'empara de la maison. Mon père exigea que ma mère se commandât une robe somptueuse, brodée d'or et d'argent, chez une couturière qui avait travaillé jadis à Paris. Lui-même fit venir un tailleur qui lui confectionna un habit écarlate, à boutons d'acier, avec une culotte en casimir noir et un gilet en poult-de-soie couleur nacre. On vendit les derniers lopins de terre, les derniers serfs, les derniers bijoux afin de payer le traiteur, l'orchestre, le luminaire, les laquais embauchés pour la circonstance. Je reçus la permission d'assister au bal, mais sans danser. Enfin, par un beau soir de septembre 1770, le salon s'éclaira de six cents bougies réparties entre les lustres et les candélabres. Blotti dans un coin, j'admirai le tournoiement des couples que la musique emportait comme une bourrasque. Toutes les femmes me paraissaient jolies. Je n'en avais encore touché aucune. Mais Joseph Proutier m'avait raconté comment se passait la chose. Ma mère, légère et étincelante dans sa robe neuve, et mon père, rajeuni par son justaucorps rouge, dansaient ensemble, les yeux dans les yeux. Je pus croire qu'ils étaient définitivement réconciliés et qu'une ère de bonheur allait, dès demain, commencer pour nous trois. Quelques invités s'attardèrent jusqu'à quatre heures du matin. Tous félicitèrent mes parents pour cette soirée exceptionnellement réussie. Certains disaient même que ce serait, à coup sûr, le plus beau bal de la saison.

À quatre heures trente-cinq, mon père s'enferma dans son cabinet de travail et se tira une balle dans la tête.

II

Après l'enterrement de mon père, il se produisit un phénomène qui me parut étrange sur le moment, mais dont je sais aujourd'hui, au déclin d'une longue existence, qu'il est assez fréquent chez les veuves. Ma mère, qui avait détesté et méprisé son mari vivant, lui découvrait toutes les qualités dès lors qu'il n'était plus là pour la décevoir. Elle ne se lassait pas d'évoquer devant moi la mémoire du disparu, louait son ouverture de cœur, sa délicatesse, son ironie, sa science, me lisait en pleurant des lettres qu'il lui avait écrites au temps de leurs fiançailles et fit exécuter, par un artiste travaillant à bas prix, un grand portrait du défunt d'après un médaillon qu'elle avait retrouvé au fond d'un tiroir. Ce portrait n'était guère ressemblant, et mon père y apparaissait le visage de travers, le nez bulbeux et les yeux louches. Mais ma mère en était très satisfaite, car, disait-elle, si le peintre n'avait pas reproduit trait pour trait la physionomie avantageuse de son modèle, il en avait du moins saisi l'âme. Fascinée, elle restait des heures en extase devant le fantôme immobile. Elle priait à voix basse en le contemplant. Quand ses amies venaient la voir, c'était sous le regard d'Ivan Nikitytch qu'on se réunissait pour prendre le thé. Toutes ces dames feignaient de croire que le ménage Chevezoff avait été exemplaire et soupiraient en chœur autour de l'épouse inconsolable. Leur émotion semblait tellement sincère que je me demandais parfois si mes parents n'avaient pas formé réellement un couple idéal et si je ne m'étais pas livré à un jeu sacrilège en inventant des crises de jalousie, des chamailleries bruyantes, voire des coups, là où il n'y avait que le paisible lac de l'union conjugale.

Au bout de quelques mois, ma mère, de plus en plus exaltée par son deuil, décida que les petites poésies de circonstance dont mon père faisait volontiers la lecture en société étaient des œuvres admirables et qu'il fallait les publier à nos frais pour assurer la renommée de leur auteur à travers les siècles. Mais une telle entreprise eût coûté très cher et nous étions à court d'argent. Les amis qui auraient pu nous aider en souscrivant, pour une somme raisonnable, à ce pieux projet s'esquivèrent les uns après les autres. Certaines dames, dont ma mère avait sollicité le concours, cessèrent même de lui rendre visite. Et elle se retrouva humiliée, au milieu de l'indifférence générale. Pour ma part, je donnais raison à ceux qui refusaient de considérer mon père comme un poète digne d'être imprimé. Je jugeais ses vers français détestables, mais je n'osais le dire à ma mère et continuais à déplorer devant elle le peu de discernement littéraire de nos contemporains.

Cependant, notre situation matérielle empirait de jour en jour ; les créanciers assaillaient notre porte ; nos meilleures relations nous tournaient le dos comme si nous eussions été des pestiférés. Incontestablement, Moscou ne voulait plus de nous. Un cousin de ma mère, Fedor Markovitch Pozniakoff, touché par notre misère, nous proposa de nous installer à Saint-Pétersbourg, dans un petit appartement qu'il possédait sur le quai de la Moïka : son locataire venait tout juste de déménager. Les lieux étant immédiatement libres, il n'y avait pas à hésiter sur le parti à prendre. Ma mère vendit la maison de Moscou, nous entassâmes meubles, malles, caisses, balluchons dans des charrettes et partîmes, avec les quelques domestiques qui nous restaient, pour la capitale.

Quand notre convoi s'ébranla, je jetai un dernier regard sur ces murs où s'était déroulée mon enfance. J'eus l'impression qu'un croc planté dans mes entrailles me les arrachait, saignantes, alors que, par extraordinaire, je continuais à vivre. Ce que je quittais, ce n'était pas mon père, dont je me moquais comme de colin-tampon, mais mon passé de garçon sage et solitaire, sous l'œil amusé de Joseph Proutier. Magie du souvenir : tout à coup l'enfer familial devenait paradis. Assise à côté de moi dans la berline, ma mère pleurait, un mouchoir pressé contre ses lèvres.

Je pleurai aussi. Mais pas pour les mêmes raisons.

Nous étions au mois de septembre 1772. La pluie avait crevassé la route. Dix fois, il fallut descendre de voiture parce que les roues s'enlisaient. En arrivant à Saint-Pétersbourg, après un voyage exténuant de douze jours, je jugeai la ville froide, maussade et belle, sous son ciel de plomb. Tous les gens, dans la rue, avaient l'air importants et pressés. À la bonhomie et au désordre de Moscou succédaient ici la rigueur des lignes architecturales, le brouillard flottant sur les canaux et la sensation indéfinissable d'une surveillance qui s'étendait du plus humble ouvrier au plus haut fonctionnaire.

Notre appartement était clair, mais vétuste. Le précédent locataire avait emporté tous ses meubles. Nous disposâmes les nôtres de façon à recréer, dans la mesure du possible, l'atmosphère quiète de Moscou. Le portrait de mon père prit place, comme il se devait, dans le salon. Ma mère se réserva la meilleure chambre, avec vue sur le canal ; je m'installai dans la chambre voisine, dont les fenêtres donnaient sur la cour, et nos six domestiques furent relégués, sans distinction de sexe, dans la chambre du fond. Cependant, ma mère exigea que leurs paillasses fussent séparées par des rideaux en toile de sac tombant du plafond jusqu'au sol. Quand nous eûmes suspendu les icônes tutélaires dans toutes les pièces et allumé devant elles les veilleuses, j'eus l'impression que nous avions enfin retrouvé un foyer et peut-être une raison de vivre.

Les premiers temps de notre séjour à Saint-Pétersbourg, nous subsistâmes grâce à l'argent que nous avait rapporté la vente de la maison de Moscou. Mais ce modeste trésor fondait à vue d'œil. Il fallait songer à l'avenir. Le cousin Pozniakoff promit de me dénicher un emploi malgré mon jeune âge. Ma mère le disait bavard et vantard. Elle n'avait pas tort. Après s'être beaucoup agité, il ne fit plus rien pour moi et disparut comme dans une trappe.

C'est alors que nous reçûmes une visite qui nous stupéfia : celle de Joseph Proutier. Il s'était procuré notre adresse en écrivant à certains de nos amis, à Moscou. Par eux, il avait également appris la mort tragique de mon père et notre ruine. Sa désolation me toucha aux larmes. Je me jetai dans ses bras avec le sentiment qu'il allait m'emporter au ciel. Lui aussi habitait maintenant Saint-Pétersbourg. Mais comme il avait changé ! Habillé à la dernière mode, le maintien assuré et la voix forte, il ressemblait plus à un seigneur de la cour qu'à un perruquier. Il nous annonça que sa carrière frôlait l'apogée, car il était à présent le coiffeur attitré d'Alexandre Vassiltchikoff, le nouveau favori de l'impératrice Catherine. Comblé d'honneurs et de cadeaux, Alexandre Vassiltchikoff remplaçait depuis peu, dans le lit de Sa Majesté, le bouillant Grégoire Orloff, tombé en disgrâce. Elle ne pouvait rien lui refuser. Et Alexandre Vassiltchikoff, de son côté, ne pouvait rien refuser à l'artiste qui, tout en s'occupant de ses cheveux et de sa barbe, écoutait ses confidences et lui donnait de précieux conseils de stratégie amoureuse. En un mot, Joseph Proutier se faisait fort d'obtenir que son charmant protecteur intervînt auprès de la tsarine pour qu'elle m'engageât comme secrétaire à la chancellerie du palais. Certes, je n'avais que dix-sept ans à l'époque, mais ma parfaite connaissance du français devait, disait-il, capter l'attention de Sa Majesté, qui entretenait une correspondance abondante avec les esprits les plus éclairés d'Europe. Comme je suggérais à Joseph Proutier de me présenter d'abord à Alexandre Vassiltchikoff, il me répondit en riant :

— Cette démarche serait tout à fait inutile. Vassiltchikoff est un être léger, impulsif et vain. En toute chose, il suit mes recommandations, les yeux fermés. Vous pouvez avoir confiance en lui comme en moi-même !

— Quel âge a-t-il ? demandai-je.

— Vingt-huit ans.

— Et l'impératrice ?

— Quarante-trois.

— Est-il beau ?

— Très beau.

— Intelligent ?

— Hélas, non !

Cette conversation me laissa perplexe. Il me semblait que Vassiltchikoff n'était pas quelqu'un de solide. J'eusse préféré, comme intercesseur auprès de Sa Majesté, un homme de poids et d'expérience. Je le dis à Joseph Proutier et il me répliqua en clignant de l'œil :

– N'oubliez pas que Sa Majesté est femme avant tout ! Pour l'instant, c'est Vassiltchikoff qui lui tourne la tête. Profitons-en !

Malgré l'optimisme de Joseph Proutier, ma mère et moi demeurâmes sceptiques.

En effet, pendant quinze jours nous n'entendîmes plus parler de lui. Et subitement il reparut, la mine épanouie. Un traîneau m'attendait sur le quai pour me conduire immédiatement au palais d'Hiver où l'impératrice me recevrait en audience privée. Je sentis que mon cœur se décrochait dans ma poitrine. Ma mère nous bénit d'un signe de croix et nous partîmes.

Mon ébahissement était tel que je me souviens à peine de mon arrivée dans cet empyrée de marbre, de stuc et d'or. Je marchais à travers les brumes d'un songe. N'allais-je pas me réveiller, le nez sur l'oreiller et la chemise trempée de sueur ? Dès les premiers pas dans cet univers solennel, Joseph Proutier s'effaça pour me confier à un laquais, qui me remit à un officier en grande tenue, lequel fut bientôt relayé par un chambellan. Nous longeâmes des galeries de tableaux, gravîmes des escaliers flanqués de statues, enfilâmes des couloirs obscurs et soudain je me trouvai dans un cabinet de travail aux murs tapissés de livres.

Derrière un bureau de marqueterie, orné de bronzes massifs, siégeait une femme mûre, au visage lourd, aux joues roses de fard et au regard bienveillant : l'impératrice. Je la reconnus sans jamais l'avoir vue autrement que de profil sur des pièces de monnaie. Je pliai le genou devant elle. D'une voix suave, elle me dit de me relever et m'interrogea en français sur ma famille et mes études. Je lui répondis de mon mieux, mais, manifestement, elle savait déjà tout par son favori, qui le tenait lui-même de Joseph Proutier. En l'observant à la dérobée, je ne pouvais oublier que notre souveraine, si gracieuse et si digne, était montée sur le trône après en avoir chassé son mari, Pierre III (qui avait trouvé la mort dans cette sombre aventure), qu'elle détestait son fils, le grand-duc Paul, qu'elle dirigeait le pays avec une poigne de fer, que tous les monarques d'Europe admiraient son intelligence et qu'on lui prêtait un nombre élevé d'amants. Oui, j'avais sous les yeux un personnage de légende, un monstre de puissance, de lucidité et de fausse aménité. Elle parlait la langue de Racine à la perfection, mais avec un léger accent germanique. Était-ce sa réputation de croqueuse d'hommes qui me rendit mon assurance ? Il me sembla qu'elle me dévisageait avec appétit. Je bombai le torse et redressai les épaules pour me présenter à mon avantage. Peine perdue. L'impératrice avait l'esprit ailleurs. Au lieu de poursuivre avec moi une conversation aimable, elle m'enjoignit, tout de go, de prendre une lettre sous sa dictée. Je m'assis à une petite table, près de son bureau. Il s'agissait de tracer quelques lignes en réponse à la missive d'un admirateur. Je devinai que le destinataire était Voltaire, à moins que ce ne fût Grimm. Tout en écrivant, j'appréciai le style enjoué de Sa Majesté. Quand j'eus terminé, elle chaussa ses lunettes, examina mon travail et me dit :

– Tu as une belle écriture et tu fais moins de fautes que moi en français. À présent, tu vas rédiger, toujours en français, un court billet pour exprimer ma compassion à une de mes dames d'honneur qui vient de perdre son fils. Je te laisse le choix des formules.

Je me rappelai les nombreuses lettres de condoléances que ma mère avait reçues après la mort de mon père et m'en inspirai pour composer le petit texte qu'on exigeait de moi. L'impératrice, l'ayant lu, se déclara satisfaite.

– J'ai besoin de quelqu'un de sûr pour la correspondance courante, ajouta-t-elle. Mes deux secrétaires particuliers ne suffisent plus à la tâche. Rentre chez toi et attends ma décision.

Je bredouillai quatre mots de remerciements et me retirai, partagé entre la crainte et l'espoir. Oui, à l'instar de beaucoup de jeunes gens, j'étais, à l'époque, à la fois insatiable et pusillanime, timide et déterminé. « Comment imaginer, me disais-je, que l'impératrice, qui a tout le peuple russe à sa disposition, me choisisse moi, Constantin Chevezoff, pour ce poste enviable ? »

Dès le surlendemain, Joseph Proutier me rassura : Vassiltchikoff, qu'il avait coiffé et rasé le matin même, lui avait affirmé que mon affaire était en bonne voie. Cela d'autant plus que l'impératrice attendait, dans le courant de cette mémorable année 1773, la visite de l'illustre Diderot, dont elle avait jadis racheté la bibliothèque en le priant, avec sa générosité coutumière, d'en conserver les volumes par-devers lui jusqu'à sa mort. Indubitablement, avec la présence du grand homme à Saint-Pétersbourg, la vie intellectuelle gagnerait en effervescence et les deux secrétaires particuliers de Sa Majesté seraient vite débordés de travail. Cette circonstance exceptionnelle augmentait, selon Joseph Proutier, mes chances d'être appelé en renfort.

Il ne se trompait pas. Une semaine plus tard, je fus avisé, par un courrier spécial, que Sa Majesté désirait me revoir, le jour même, à six heures du soir. Comme je n'étais pas majeur, je devais me rendre au palais avec ma mère, que l'impératrice voulait connaître avant de m'accorder sa confiance.

Pendant les quelques heures qui nous séparaient de l'audience, ma mère se déchaîna avec une impétuosité frisant la folie. Elle courait d'une pièce à l'autre, se désolait de n'avoir que de vieilles robes à se mettre, me demandait mon avis sur des escarpins, sur un châle, insultait notre chère Akoulina-Louison, décidément incapable de lui confectionner une coiffure à la mode, s'inondait de parfum et regrettait aussitôt d'en avoir trop versé, se regardait dans la glace, changeait de toilette, pleurait, soupirait, priait, tandis que je lorgnais avec angoisse les aiguilles de la pendule.

Par miracle, nous ne fûmes pas en retard. L'impératrice nous reçut, parmi de nombreux courtisans, dans un salon attenant à son cabinet de travail. Ma mère plongea dans une révérence si profonde que je dus l'aider à se relever. Aux questions de Sa Majesté, elle répondit par des balbutiements et des minauderies que je jugeai grotesques. Il me sembla que tout le monde, autour de nous, riait sous cape. Enfin la tsarine, abrégeant notre épreuve, dit assez haut pour être entendue jusqu'au fond de la pièce :

– Madame, votre fils est assurément un sujet d'élite. J'aurai plaisir à l'employer comme secrétaire. Il commencera son travail lundi prochain.

Abasourdi de bonheur, je baisai la main qu'elle me tendait avec élégance. Une main potelée, qui sentait le lait d'amandes.

– Que Dieu bénisse Votre Majesté Impériale et sa descendance ! s'écria ma mère.

L'audience était terminée. Reçu à l'examen, je respirai de toute ma poitrine. Déjà l'impératrice s'écartait de nous pour converser avec quelques intimes. Soudain, je vis avec stupéfaction que ma mère la rattrapait et, tirant d'une sorte de sacoche en velours qu'elle portait à la main une liasse de feuillets cousus ensemble, les lui tendait en chuchotant, l'épaule basse et la mine obséquieuse. Je n'entendis pas ce qu'elle disait, mais je reconnus le manuscrit : les poésies de mon père ! Comment avait-elle osé ? Et sans m'en avertir, encore ! Poussée par son idée fixe, elle risquait de compromettre mon avenir à la cour. Après un moment de surprise, la tsarine sourit avec condescendance, s'assit dans un fauteuil et tourna les pages du cahier. Son regard courait d'un vers à l'autre sans que la moindre émotion parût sur son visage. Plantée devant elle, ma mère attendait, les mains jointes, les paupières baissées, comme à l'église pendant la messe. Enfin Catherine II referma le cahier d'un geste énergique. Ses traits se durcirent. Son œil étincela d'une colère virile :

– L'impératrice de Russie ne saurait cautionner la publication de quelques amusettes de salon dénuées de toute valeur littéraire, dit-elle. Reprenez donc votre bien et ne m'importunez plus avec cette histoire ! Je vous rappelle que votre fils doit entrer en fonctions dès lundi. Sur ce, madame, je ne vous retiens plus.

Et, se levant, elle tourna le dos à ma mère. J'étais suffoqué par tant de dureté succédant à tant de mansuétude. Nous battîmes en retraite, crottés jusqu'aux oreilles. Comme je franchissais le seuil à reculons, un homme de belle mine, sanglé dans l'uniforme des chevaliers-gardes, s'approcha de moi et me glissa à l'oreille :

– Je suis Vassiltchikoff. Ce n'est rien. Elle oubliera vite…

Après quoi, il rejoignit le groupe qui entourait son auguste maîtresse.

À la maison, je n'eus pas le courage de reprocher à ma mère sa conduite incongrue, qui nous avait couverts de ridicule. Elle était assez punie, pensais-je, pour que je lui épargnasse mes propres récriminations. Elle non plus, d'ailleurs, ne fit aucune allusion à l'incident. Mais, à dater de ce jour, elle ne parla plus de notre souveraine qu'en la traitant de « catin couronnée ». Offensée dans sa vénération posthume pour mon père, elle était passée dans le clan des ennemis acharnés de l'impératrice.

III

Mes deux collègues m'accueillirent avec une bienveillante curiosité. Ils étaient l'un et l'autre d'un âge avancé et, à force de naviguer parmi la paperasse, semblaient avoir perdu tout contact avec le monde réel. Le plus ancien dans la fonction, Alexandre Svinine, était un gros homme de cinquante-cinq ans, débonnaire et flasque, qui soufflait en écrivant, comme si, à chaque phrase, il eût gravi une marche. Il parlait le français aussi bien que moi, avait connu l'impératrice alors qu'elle n'était que grande-duchesse et l'avait suivie, pas à pas, dans son ascension vers la gloire. Nestor Masloff, lui, était un petit monsieur raide, grisonnant et agile, qui se tournait et se retournait tout d'un bloc, parce qu'un corset gênait ses mouvements. Comme il ne pouvait incliner le buste, on lui avait fabriqué un pupitre à sa taille, devant lequel il travaillait debout, des heures d'affilée, sans jamais se plaindre de ses jambes. C'était lui mon préféré, car, contraire-ment à Svinine, il ne croyait pas avoir la science infuse. Discret, souriant et zélé, il représentait pour moi l'idéal du fonctionnaire russe, recouvert d'un léger vernis français.

Notre bureau était situé au dernier étage du palais, sous les combles. Cette vaste pièce, basse de plafond, se transformait en fournaise dès les premières ardeurs de l'été ; l'hiver, nous y grelottions, les doigts gourds, les pieds gelés, malgré le poêle de faïence dont un chauffeur entretenait le feu à grand renfort de bûches. Cependant, quelle que fût la température, notre besogne quotidienne s'accomplissait avec promptitude et régularité. Tenus à l'écart des plus importants problèmes politiques, nous nous bornions à assurer la correspondance privée de Sa Majesté. Quand je pense que l'Europe entière a célébré en Catherine II une épistolière admirable, alors qu'elle a toujours eu recours à nous pour son courrier, je suis accablé par la fausseté de certaines réputations historiques. Il est vrai que, même lorsqu'elle ne tenait pas la plume, c'était elle qui nous inspirait. Son génie guidait notre main à distance. Tantôt nous rédigions des projets de lettres qu'elle recopiait avec soin, tantôt nous corrigions la syntaxe et le style de son français raboteux, tantôt enfin nous établissions des mémoires d'après quelques notes que nous apportait un valet. Il était rare qu'elle nous fît appeler pour un complément d'information. Toutes ses instructions, elle nous les donnait par des billets griffonnés, que nous avions ordre de détruire après les avoir lus. Quand, par extraordinaire, l'un de nous était convoqué auprès d'elle, il revenait tremblant et ébloui, comme s'il avait trop longtemps contemplé le soleil. Je me rappelle un matin où elle me fit descendre dans son cabinet pour me soumettre un pli urgent destiné à d'Alembert. Je fus si ému en la voyant que je n'osai lui signaler une dizaine de fautes d'orthographe assez grossières et me contentai de tout approuver d'une voix doucereuse.

J'aurais voulu, en ce temps-là, qu'elle me marquât plus d'attention. Pourquoi n'étais-je pas à la place de cet imbécile de Vassiltchikoff ? Qu'elle daignât m'essayer comme amant, et notre fortune, à ma mère et à moi, serait faite ! Il est vrai que j'étais encore puceau. Mais, pensais-je, cette circonstance ne pouvait qu'attendrir une femme de goût et d'expérience comme Sa Majesté. D'autant que, sans forfanterie, j'avais un extérieur plutôt agréable : grand, brun, le front haut, le regard bleu. Et, pour ce qui est de l'esprit, j'en possédais assurément plus que le favori en titre. Bien entendu, je ne soufflais mot de ces espoirs à Joseph Proutier, que je voyais encore de loin en loin, lorsque mes occupations au palais me le permettaient. Homme de confiance de Vassiltchikoff, il eût considéré d'un mauvais œil mon désir de voler son rôle à cet indigne bénéficiaire des bontés de notre souveraine.

L'impératrice ne me retint, ce matin-là, que quelques minutes. En retrouvant mes collègues, je me bornai à leur dire que Sa Majesté avait été très aimable avec moi. À quoi bon leur révéler mes secrets desseins ? Malgré l'évidence, je m'entêtais à croire qu'un jour, peut-être… En vérité, elle n'avait pas besoin d'être belle ni jeune pour me séduire. À mes yeux, son pouvoir illimité sur le pays lui tenait lieu de fraîcheur et de charme. Je n'imaginais pas de sort plus exaltant que de serrer dans mes bras et de couvrir de baisers une femme à qui il suffisait d'un froncement de sourcils pour me faire expédier au bagne.

Ce qui m'incitait à rêver ainsi, c'étaient les échos qui, des salons et des antichambres, parvenaient jusque dans notre obscur univers de scribes. Les valets, les cameristes, les piqueurs, les officiers de garde eux-mêmes n'hésitaient pas à nous rapporter les papotages de la cour. Nous suivions, à travers ces ragots, les péripéties de la liaison impériale. Manifestement, Vassiltchikoff perdait du terrain. Sa vigueur génésique ne pouvait plus compenser, pour une femme de la trempe de Catherine II, son manque d'intelligence et d'instruction. D'après les soubrettes proches de Sa Majesté, elle le recevait de moins en moins souvent dans son lit. À mesure que le crédit de Vassiltchikoff diminuait, la figure de Joseph Proutier s'allongeait et, avec une cruauté que je ne m'explique pas encore, je m'amusais à constater la déconfiture de l'homme qui m'avait mis le pied à l'étrier. Ingratitude de la jeunesse, qui juge tout à son point de vue ! Il est vrai que, si Vassiltchikoff traversait une mauvaise passe, c'était aussi parce qu'à cette époque l'impératrice avait trop de soucis en tête pour se consacrer aux divertissements de l'amour. La guerre contre la Turquie se prolongeait : il fallait d'urgence augmenter les impôts et lever de nouvelles recrues, ce qui mécontentait le peuple. D'autre part, sur les bords du Jaïk, des cosaques rebelles se rassemblaient autour d'un dangereux aventurier nommé Pougatcheff. Il affirmait être l'empereur Pierre III en personne et avoir échappé par miracle aux assassins stipendiés par sa femme, l'usurpatrice Catherine II. Cette révolte risquait de s'étendre aux régions voisines, car Pougatcheff promettait l'abolition du servage en cas de victoire.

Tout en s'efforçant de régler ces deux affaires qui hantaient ses jours et ses nuits, l'impératrice devait s'occuper du mariage de son fils, le grand-duc Paul, avec une princesse de Hesse-Darmstadt. Banquets, bals, déjeuners champêtres se succédaient, en l'honneur des fiancés, à Tsarskoïe Selo où la cour s'était transportée pour l'été. L'illustre Grimm était présent. L'impératrice l'appréciait pour sa modestie et son solide bon sens germanique. Les secrétaires particuliers, dont je faisais partie, avaient accompagné Sa Majesté dans sa résidence de campagne, mais nous étions tenus à l'écart des réjouissances officielles. Tout au plus recevions-nous, par attention spéciale, tel ou tel plat provenant de la table que la tsarine présidait avec une inaltérable égalité d'humeur. Usant de son autorité, elle avait obtenu du père de la promise que celle-ci renonçât à la religion protestante pour devenir orthodoxe sous le nom de Nathalie Alexeïevna.

Vers la mi-septembre 1773, toute cette remuante compagnie rentra à Saint-Pétersbourg. Lors de la cérémonie nuptiale, à la fin du même mois, les cloches de la capitale sonnèrent pendant si longtemps et avec tant de force que mes collègues et moi dûmes enfoncer du coton dans nos oreilles pour pouvoir continuer notre besogne. Carillons joyeux et salves d'artillerie reprirent de plus belle, la semaine suivante, pour saluer nos victoires contre les Turcs.

Ce fut au milieu de ce charivari que nous arriva, au début d'octobre 1773, le frétillant et frileux Denis Diderot. D'après ce que j'ai su par la suite, il espérait loger dans l'appartement de son compatriote le sculpteur Falconet, établi depuis sept ans à Saint-Pétersbourg et travaillant à un monument de Pierre le Grand. Froidement éconduit par l'artiste, il dut, en fin de compte, accepter l'hospitalité d'un familier de l'impératrice, le grand écuyer Narychkine, qui avait été son compagnon de voyage depuis La Haye.

Bien que fort accaparée par les fêtes de la cour et les affaires de l'État, la tsarine recevait son célèbre invité tous les jours, pendant plus d'une heure, dans son cabinet de travail. J'eus la chance d'être appelé à quatre reprises lors de ces entretiens, soit pour apporter un livre, soit pour noter au vol quelque pensée impromptue de Diderot. Ce vieillard de soixante ans, au visage plissé comme un chiffon, à l'œil pétillant et à la voix nasillarde, s'obstinait à porter un habit noir, alors que, par la volonté de Catherine II, toute la cour était vêtue de costumes clairs. Mais elle ne lui tenait pas rigueur de ce manquement à l'étiquette. Les gesticulations et les vociférations de son interlocuteur paraissaient même la divertir. Je le vis une fois, dans le feu de la conversation, arracher sa perruque et la jeter à terre. Je la ramassai et la lui tendis. Il me regarda avec un étonnement enfantin, grimaça un sourire et marmonna :

– Merci. Vous êtes un charmant jeune homme. Et vous parlez bien notre langue. Venez donc me voir, un matin, chez M. Narychkine.

Là-dessus, il fourra la perruque dans sa poche et reprit son discours véhément sur l'éducation des enfants, tandis que l'impératrice éclatait de rire.

Je n'oubliai pas la proposition de Diderot et lui rendis visite un dimanche, peu avant midi. Il me reçut enveloppé d'une ample robe de chambre de couleur puce ; sa chemise était ouverte sur son cou décharné et de maigres touffes de cheveux se dressaient en désordre sur son crâne. M'ayant fait asseoir, il me demanda, tout à trac, ce que je pensais de l'impératrice. Pouvais-je lui avouer qu'elle n'était pas, dans la plupart des cas, le véritable auteur de ses lettres et que je la trouvais mal inspirée dans le choix de ses favoris ? Négligeant ces réserves qui risquaient de nuire à la réputation internationale de Sa Majesté, je me répandis en éloges hyperboliques. Il m'interrompit au milieu de mon apologie pour s'écrier :

– Tout cela est bel et bon, mais elle ne sera vraiment une grande souveraine que si elle abolit le servage ! Je le lui ai d'ailleurs déclaré tout net lors de notre dernier entretien, car je ne mâche pas mes mots avec elle !

– Et que vous a-t-elle répondu ?

– Que la chose était plus aisée à dire qu'à faire, que la Russie était un pays de tradition, que les serfs russes n'avaient rien de commun avec les esclaves noirs, que la noblesse représentait le plus sûr soutien du trône…

– N'avait-elle pas raison ?

– En tant que philosophe, je ne puis approuver l'inégalité des conditions sociales ; mais, en tant qu'homme, je reconnais la difficulté de la tâche à laquelle j'ai convié votre souveraine.

– La difficulté ou l'impossibilité ?

– Il faudrait qu'elle eût à ses côtés un grand esprit libéral qui se chargeât d'étudier les réformes nécessaires à la Russie.

– Et ce grand esprit, ce pourrait être vous ?

– Oh ! non, protesta-t-il, amusé. Je suis trop vieux. Et je dois retourner en France, où ma femme, ma fille et mes amis m'attendent. Néanmoins, je compte rédiger une série de conseils à l'usage de Sa Majesté pour la remercier de son accueil.

Il parla encore longuement de son projet d'une « nouvelle Encyclopédie », à laquelle il comptait consacrer le restant de ses jours, du sort malheureux des juifs en Russie, de l'influence néfaste des courtisans, dont les flatteries étaient de nature à troubler la tête de l'impératrice… Il me semblait que j'avais devant moi un iconoclaste armé d'un marteau. La plus noble statue de notre Panthéon national volait en éclats sous ses coups. Quel feu le dévorait ! L'excès d'intelligence n'était-il pas plus redoutable que la folie ? Les yeux de mon vis-à-vis étincelaient, des bulles de salive crevaient aux commissures de ses lèvres tandis qu'il pérorait avec une volubilité farouche. Le diable ne devait pas avoir un autre visage quand il s'efforçait de convaincre un innocent. Puis il se radoucit et murmura :

– Tout ce que je vous dis là ne m'empêche pas d'admirer profondément votre souveraine. Je la crois bonne, instruite et soucieuse du rayonnement de votre pays.

– Alors, ne faut-il pas la laisser gouverner à sa guise ? hasardai-je.

Il me lança un regard pointu, ouvrit sa tabatière, renifla deux prises, éternua et conclut :

– Ce genre de discussion ne mène à rien.

Je compris qu'il me donnait congé et m'éclipsai après l'avoir remercié de ses sages avis. Il ne m'invita pas à revenir le voir. Sans doute l'avais-je déçu en ne me montrant pas davantage séduit par ses théories. À dater de ce jour, quand il me rencontrait au palais, il se contenta de me sourire de loin. J'appris d'ailleurs que l'impératrice, lasse de ses discours sentencieux, ne le recevait plus que rarement. Il s'en consolait, disait-on, en lutinant les caméristes de Sa Majesté. Un philosophe proche des préoccupations de l'humanité souffrante pouvait donc être aussi un libertin ?

Cette pensée me laissa longtemps perplexe. Et soudain je me décidai à suivre l'exemple du grand homme. Parmi l'essaim de charmantes soubrettes attachées au service de Sa Majesté, j'avisai une certaine Anna Babkoff, qui passait pour être peu farouche ; la prenant à part, je lui fis l'aveu de ma flamme. Elle ne crut pas un mot de ma déclaration, mais, aussi désireuse que moi de se divertir, m'entraîna un soir dans sa chambre. Elle logeait dans les communs du palais, avec les autres domestiques jouissant de la confiance impériale. Une clochette était suspendue au-dessus de son lit, afin que Sa Majesté pût l'appeler à toute heure en tirant sur un cordon. Par chance, cette nuit-là, aucun tintement intempestif ne vint troubler nos ébats. Je fus dépucelé dans l'allégresse et remerciai mon initiatrice par un acharnement au déduit dont elle me fit compliment. Elle était petite, brune, vive et experte. Ses caresses tempéraient ma fougue juvénile. Nous nous retrouvâmes souvent par la suite et mon habileté aux jeux de l'amour se perfectionna. Puis elle prit un autre amant, un officier des gardes à cheval, mais je n'en fus guère contrarié. Le visage d'Anna Babkoff s'effaça vite de ma mémoire. Je m'étonne même, aujourd'hui, de n'avoir pas oublié son nom.

En vérité, au moment de ce que j'appellerai notre séparation à l'amiable, j'étais préoccupé par un autre événement. Au début de l'année 1774, Vassiltchikoff avait été définitivement renvoyé après avoir reçu de la tsarine, pour ses vingt-deux mois de loyaux services, cent mille roubles, sept mille paysans, quelques poignées de diamants, une rente viagère confortable et un palais à Moscou. Du coup, la place de favori devenait vacante. Allais-je enfin avoir ma chance ?... Trop tard ! Déjà le lieutenant général Potemkine, rappelé du front de Silistrie, sur le Danube, par une Catherine II insatiable, se présentait à la cour, grand, borgne, brutal, fascinateur, et Sa Majesté, subjuguée par un mâle d'une si robuste tournure, l'installait dans les appartements que Vassiltchikoff venait d'abandonner, la tête basse et les poches pleines. Je crus d'abord que sa disgrâce allait nuire à ma carrière, puisque c'était lui qui m'avait recommandé à l'impératrice. Il n'en fut rien. Je conservai mon poste, mes prérogatives et mon traitement, qui fut même augmenté. Mais, à ma profonde tristesse, le brave Joseph Proutier dut suivre son protecteur déchu à Moscou, où il continua à le coiffer et à lui faire la barbe. Nous échangeâmes des adieux d'une noblesse et d'une virilité spartiates.

Un autre départ mélancolique, en mars 1774, fut celui de Diderot, dont Catherine II supportait de plus en plus difficilement la présence bavarde dans son sillage. Peu après, ce fut Grimm qui nous quitta. L'impératrice eût souhaité qu'il prît du service à Saint-Pétersbourg, mais il préféra retourner à Paris, afin, disait-il, d'y remplir les missions artistiques ou littéraires dont elle voudrait bien l'investir.

En avril de cette même année, nous apprîmes avec effroi que le bandit Pougatcheff, à la tête de son ramas de canailles, mettait à feu et à sang la région de la Volga et assiégeait Orenbourg. Comme si cette menace ne suffisait pas à alimenter notre inquiétude, la guerre contre la Turquie durait, avec des fortunes diverses, et les messagers du grand vizir excitaient les tribus musulmanes de l'Oural et des bords de la Caspienne à rejoindre les insurgés groupés autour du faux Pierre III. Toute la Russie avait la fièvre. Seule l'impératrice gardait une foi intacte en la puissance de son armée et en la légitimité de son pouvoir.

Au mois de mai 1774, je fus chargé par elle de rédiger une lettre officielle de félicitations pour l'avènement, en France, du roi Louis XVI. Cette marque de confiance me flatta. Depuis quelque temps, l'impératrice, qui m'avait tutoyé à mes débuts, me disait « vous » avec le même naturel, ce qui était, à la cour, un signe évident de promotion. Je songeais qu'il valait peut-être mieux se distinguer comme un collaborateur sérieux de Sa Majesté que comme un favori provisoire, soumis à ses caprices. Ma mère, à qui je fis part de mon sentiment, m'approuva. Elle eut même cette formule dont la sagesse a éclairé depuis toute ma vie : « Crois-moi, Constantin, une femme, fût-elle impératrice, est toujours plus fidèle à un homme qu'elle estime qu'à un homme qu'elle aime. » Il y avait belle lurette qu'elle ne traitait plus l'impératrice de « catin couronnée ». Par amour pour le fils, elle avait oublié l'œuvre poétique du père. À présent, égarée par une louable ambition maternelle, elle me

voyait déjà ministre plénipotentiaire, gouver-
neur de province…

Il est vrai qu'après des semaines sombres le
pays connaissait un regain d'espoir. Bientôt, les
victoires de Souvoroff et de Roumiantseff sur les
Turcs obligèrent ceux-ci à signer la paix avec la
Russie. L'impératrice obtenait d'eux des avantages territoriaux considérables. La mer Noire,
la mer d'Azov, la mer Égée nous étaient
ouvertes. Ayant ainsi réalisé le rêve de Pierre le
Grand, la tsarine pouvait ordonner à son armée
de se reporter vers le nord pour détruire les
bandes de Pougatcheff. Dès la fin du mois d'août
1774, les misérables étaient écrasés, dispersés.
Fait prisonnier, leur chef fut décapité le 10 janvier 1775, à Moscou, devant un grand concours
de peuple. Cette année 1775 fut également celle
de la formidable réforme administrative voulue
par Sa Majesté et préparée, de longue main, par
une commission législative, selon *L'Esprit des
lois* de Montesquieu. Enfin l'empire russe, qui
n'était jusque-là qu'un chaos de provinces hété-
roclites, recevait une structure digne d'un pays
européen. Tous les esprits éclairés applaudirent
l'initiative de notre souveraine. Mais ses embarras n'étaient pas terminés pour autant.

Peu après la victoire sur Pougatcheff, ce fut une
autre affaire d'importance qui risqua d'ébranler
le trône. Une aventurière, se faisant appeler
princesse Tarakanova, prétendait, depuis deux
ans, être la fille de l'impératrice Élisabeth Ire et
avoir droit, comme telle, à la couronne de Russie. Bien que cette folle résidât en Italie, Cathe-

rine II s'arrangea pour la faire enlever et transporter, captive, à Saint-Pétersbourg. Jetée dans un cachot de la forteresse Saint-Pierre-et-Saint-Paul, la Tarakanova y mourut de froid et de faim, à moins qu'elle n'eût été noyée, comme l'ont affirmé certains, par une crue de la Néva. J'étais auprès de Sa Majesté lorsqu'un messager, accouru de la forteresse, lui apprit la fin de celle qui avait osé se poser en rivale. Pas un muscle de son visage ne bougea. Était-elle foncièrement inhumaine ? Non. Simplement, quand la raison d'État était en jeu, son cœur devenait de pierre ; puis, ayant enjambé le cadavre de son ennemi, elle rabattait ses jupes et retrouvait une tolérance et une grâce toutes féminines. Sans doute a-t-elle toujours ignoré le remords. Aux pires moments de son règne, elle répétait : « Il faut être gai ! » C'était sa recette de bonne santé.

Pourtant, je la vis très affectée, quelques mois plus tard, par la mort en couches de sa jeune bru, Nathalie Alexeïevna. Le grand-duc Paul, quant à lui, était fou de désespoir et, avec des sanglots et des cris de rage, cassait tous les meubles de son appartement. Or, nul n'ignorait à la cour que sa femme l'avait abondamment trompé avec son meilleur ami, André Razoumovsky. L'enfant mort-né était même probablement le fruit de ces amours coupables. Aussi Catherine II n'hésita-t-elle pas à frapper un coup décisif pour tirer le grand-duc du délire où il se complaisait. Ayant forcé la serrure du petit secrétaire où Nathalie cachait sa tendre correspondance avec Razoumovsky, elle avait brutalement fourré sous le nez de son fils les lettres de l'infidèle. Effondré, le malheureux s'était, dès lors, livré sans résistance à la volonté de sa mère. Elle en avait profité pour lui trouver dare-dare une nouvelle fiancée : Sophie-Dorothée de Wurtemberg. Moins de six mois après avoir enterré sa jeune femme, le veuf se remariait, dans la joie et la pompe traditionnelles, avec une autre Allemande, qui, convertie à la religion orthodoxe, ne s'appelait déjà plus Sophie-Doro-thée, mais Marie Fedorovna. L'année suivante, ponctuellement, elle mettait au monde son pre-mier enfant : un garçon, Alexandre. Le jour de cette naissance, l'impératrice, oubliant son passé protestant, tomba à genoux, émerveillée, et pria devant les icônes ainsi que l'eût fait la plus humble de ses sujettes. Elle qui avait si peu aimé son fils était en extase devant son petit-fils, comme s'il fût sorti de ses flancs. Malgré les récriminations des parents, elle l'avait emporté, telle une voleuse, dans ses appartements et avait décrété qu'elle l'élèverait seule, à sa manière. Le grand-duc et la grande-duchesse avaient tout juste un droit de visite aux jours et heures fixés par elle. Encore demeurait-elle à leurs côtés pendant qu'ils se penchaient sur le berceau. Souvent, elle faisait apporter le bébé dans son cabinet pour l'avoir sous les yeux en travaillant. Je l'ai même surprise agitant un hochet au-des-sus du marmot dans ses langes. Elle bredouillait d'amour. Elle était mère. Pour la première fois de sa vie.

À sa demande, je dus écrire à tous ses correspondants de marque pour leur donner des détails sur le nourrisson providentiel. Entreprise que je jugeai ridicule, mais dont je m'acquittai de mon mieux. Comme j'avais appris à imiter l'écriture de Sa Majesté, elle se contentait maintenant de signer les lettres que j'avais préparées. Puis elle m'accorda le droit exceptionnel de parapher à sa place les documents d'importance secondaire. J'étais désormais son secrétaire le plus proche. Les deux autres s'effaçaient derrière moi sans me manifester la moindre jalousie. Ils avaient fait leur temps et attendaient paisiblement qu'on les congédiât. Ma carrière administrative était si bien tracée que je ne rêvais plus d'accéder au lit de la tsarine. D'ailleurs, l'emploi de favori était de moins en moins sûr. Après avoir brûlé de passion pour le fougueux Potemkine, qu'elle avait appelé à de hautes fonctions et gratifié de tant de bijoux, d'or, de rentes, de terres, de paysans serfs et de titres honorifiques qu'il était devenu l'homme le plus influent de Russie, l'impératrice lui avait trouvé un remplaçant en la personne d'un jeune Ukrainien, Pierre Zavadovsky. Celui-ci était en fait un protégé de Potemkine, qui, constatant des signes de relâchement dans ses rapports amoureux avec l'impératrice, avait préféré choisir lui-même son successeur. Zavadovsky avait été bientôt relayé par le beau Zoritch, que les dames de la cour surnommaient « l'Adonis » ; puis était venu un certain Rimsky-Korsakoff, aussi piètre partenaire que les deux précédents. Au-dessus de ces marionnettes, c'était toujours Potemkine qui tirait les ficelles. Bien que Sa Majesté n'eût plus avec lui que des relations amicales, elle l'admirait, l'écoutait et s'amusait de son jeu pervers.

Quant à moi, voyant ce triste manège, je déplorais qu'une si grande souveraine fût soumise aux mêmes exigences corporelles que les autres femmes. Elle aurait bientôt quarante-neuf ans et son goût de la chair fraîche augmentait avec l'âge. Moi, j'en avais vingt-trois et mes sens ne me tourmentaient que de loin en loin, juste ce qu'il fallait pour ajouter un peu de piment à l'existence. Malgré les conseils de ma mère, qui rêvait d'avoir des petits-enfants, je ne voulais même pas envisager la possibilité du mariage et me contentais de passades furtives et savoureuses avec des servantes de Sa Majesté. La demeure impériale était devenue ma vraie maison. J'en savais les moindres détours et me promenais jusque dans le nouvel édifice de l'Ermitage, qu'une galerie reliait au palais d'Hiver. En outre, tout le monde ici me connaissait et me traitait avec courtoisie, car le bruit s'était répandu que j'avais l'oreille de Sa Majesté. Quand je retrouvais ma mère dans notre petit appartement du quai de la Moïka, j'avais l'impression de redescendre sur terre après un séjour dans l'Olympe.

Une nuit, je fus réveillé par des coups frappés à notre porte. Un messager venait me chercher de la part de l'impératrice. Je m'habillai en hâte et me rendis au palais. Sa Majesté m'attendait dans son cabinet de travail, vêtue d'une robe de chambre blanche, en gros de Tours à larges plis, et les cheveux coiffés d'un bonnet de dentelle. L'expression de son visage était paisible et grave. Elle avait été tout juste avertie, par un courrier arrivant de France, de la mort de Voltaire, survenue à Paris le 30 mai 1778.

– C'est une perte irréparable, me dit-elle. Je regrette de ne l'avoir jamais rencontré. Mais nous avons échangé tant de lettres ! Il était le dieu vivant de l'ironie et de l'intelligence. Ce sont ses œuvres qui ont formé mon esprit et mon cœur. Vous allez écrire immédiatement à Grimm pour qu'il rachète aux héritiers la bibliothèque et les papiers personnels du défunt et qu'il me les fasse parvenir. Je désire qu'on joigne à cet envoi un buste de Voltaire. Il sera plus à sa place dans mon palais de Saint-Pétersbourg que dans quelque maison bourgeoise de Paris. Dès que votre lettre sera prête, vous me l'apporterez pour que je la signe. Elle partira sur-le-champ : une estafette attend déjà dans la cour.

J'étais, moi aussi, bouleversé. Sans doute mon émotion était-elle visible, car l'impératrice ajouta d'une voix douce :

– Allez, vite, Constantin Ivanovitch ! Je sais que vous vous acquitterez très bien de cette besogne.

Retiré dans la salle obscure du secrétariat, j'allumai deux bougies, taillai une plume d'oie et me mis au travail. Une légère nuit de printemps pâlissait derrière les fenêtres. La masse immense du palais m'enserrait de toutes parts.

J'étais comme immergé dans un épais silence. Penché sur la page blanche, j'essayais d'imaginer les pensées intimes de Sa Majesté, d'entrer par effraction dans sa tête, de trouver des mots qui fussent bien à elle. Et, peu à peu, me substituant à l'impératrice de toutes les Russies, je me laissai aller à l'épanchement d'un chagrin sincère.

Quand je lui apportai la lettre, elle la lut, la signa sans en changer une phrase et me donna sa main à baiser. Jamais elle ne m'avait paru aussi vieille.

IV

Rimsky-Korsakoff ne fit pas long feu. J'avoue avoir quelque responsabilité dans son renvoi. Ayant appris qu'il se permettait de tromper son impériale maîtresse avec une amie intime de celle-ci, la comtesse Prascovie Bruce, je ne sus pas tenir ma langue. Mû par une sorte de ferveur monarchique, je fis allusion à cette turpitude devant Sa Majesté. Elle s'arrangea pour surprendre les coupables dans leurs ébats, laissa éclater son courroux et l'amant volage dut se retirer, non sans avoir reçu, à titre de dédommagement, une rétribution substantielle.

À la suite de cet incident, la tsarine me remercia avec émotion de mon acharnement à défendre son honneur de femme et de souveraine. Mon traitement fut encore augmenté et mes attributions se virent confirmées et élargies. Si Catherine II avait des entretiens réguliers avec ses ministres pour la conduite des affaires publiques, elle m'appelait de plus en plus souvent auprès d'elle pour les détails de sa vie privée. C'est ainsi que je fus mis au courant avant les autres de son intérêt pour le brillant Alexandre Lanskoï. Ce chevalier-garde de vingt-deux ans, lui aussi protégé de Potemkine, était d'une beauté suave et d'une gentillesse indolente qui lui avaient valu, depuis un certain temps, l'attention de Sa Majesté. Mais elle hésitait encore à lui ouvrir la porte de sa chambre. Un jour, comme elle me demandait, avec une négligence feinte, ce que je pensais du jeune homme, je me répandis en compliments sur son compte et, tandis que j'énumérais ses nombreuses qualités, je la vis qui hochait la tête avec approbation. Le lendemain, Alexandre Lanskoï s'installa dans le somptueux logement affecté aux favoris successifs. Là, selon l'usage, il découvrit, dans un secrétaire, une bourse garnie de cent mille roubles or. Le soir, il parut à la cour aux côtés de l'impératrice. À dix heures, elle se retira dans ses appartements et, quelques minutes plus tard, le nouvel élu alla l'y rejoindre, pâle et digne, le cœur serré à l'idée des prouesses qu'elle attendait de lui. Son départ vers le zénith souleva, derrière son dos, un murmure d'envie.

D'aucuns affirmaient que cette liaison ne durerait pas. Ils se trompaient. Attendrie par la jeunesse et la beauté d'Alexandre Lanskoï, qu'elle appelait affectueusement Sacha, l'impératrice voyait en lui à la fois un amant vigoureux et un fils spirituel méritant d'être formé à son école. Tantôt maternelle, tantôt provocante, elle trouvait, me semble-t-il, le même plaisir à sa conversation qu'à ses caresses. Comme il parlait mal le français, elle me chargea de l'instruire dans cette langue. Ses progrès furent rapides, car il avait un esprit vif et le goût de l'étude. Il devint mon ami et me fit des confidences que je ne saurais révéler ici. Tout ce que je puis dire, c'est qu'il tremblait chaque fois qu'il devait remplir ses devoirs amoureux et que, par crainte d'échouer face aux formes plantureuses de sa maîtresse, il absorbait un aphrodisiaque, à base de poudre de cantharide. C'est lui qui incita Catherine II à nommer la sémillante princesse Dachkoff à la tête de l'Académie russe et à écrire des articles pour un journal qui fut créé à cet effet. Avec lui, Sa Majesté composa aussi des pièces de théâtre assez drôles, mais sans les signer. Je les aidais tous deux dans cet amusement inoffensif et surveillais la préparation des spectacles, sur la scène de l'Ermitage. Quand le public applaudissait une réplique heureuse, je me rengorgeais, saisi d'une sotte vanité d'auteur.

Tout le monde savait, à la cour, qu'entre la tsarine, Lanskoï et moi existait une entente secrète, voire une joyeuse complicité. Le grand-duc Paul, ce fils mal aimé, en prit ombrage. Exclu de la chaleur et de l'estime maternelles, il avait formé autour de lui un clan de personnages haineux qui l'entretenaient dans l'idée que nous voulions l'écarter de la succession au trône. Le chef de cette coalition était le vieux ministre Nikita Panine, qui, à soixante-treize ans, ne digérait pas sa mise à la retraite. Lorsque, sur nos conseils, Catherine II proposa au grand-duc Paul et à sa femme de faire un voyage d'information et d'agrément à l'étranger, cet intrigant leur représenta qu'il s'agissait d'une manœuvre et que, s'ils quittaient la Russie, la clique qui entourait la tsarine les empêcherait d'y revenir. Il fallut les traîner de force jusqu'à la voiture qui les emporta, tempêtant et sanglotant, vers ce qu'ils croyaient être un exil. Pendant tout leur périple, nous reçûmes, des différentes capitales européennes visitées par eux, des rapports alarmants sur les extravagances du grand-duc et son animosité, publiquement affirmée, contre sa mère. À leur retour, je les trouvai plus arrogants que jamais. Ils avaient fait tant d'achats à Paris que la tsarine, découvrant cet amoncellement de robes, de chapeaux, de colifichets, de bijoux et d'objets de toilette, ordonna de renvoyer le tout aux fournisseurs français.

Au fond, je crois qu'elle considérait la France comme une terre rivale, dangereuse par la qualité même de ses habitants. Elle avait toujours professé envers Louis XV un mépris voisin de la détestation. Comment eût-elle pu pardonner au défunt roi d'avoir jadis soutenu la Turquie et critiqué les interventions éminemment légitimes de la Russie en Pologne ? À l'avènement de Louis XVI, nos relations avec la France s'étaient réchauffées. Mais, derrière l'amabilité de façade, une sourde rancune couvait encore. Je m'étonnais que Sa Majesté aimât tant la culture française et si peu les Français. J'osai lui en faire la remarque. Elle me répondit, d'un ton enjoué : « Même les Français n'aiment pas la France. Ils y sont heureux, mais ils ne l'aiment pas. Les

Russes, eux, sont malheureux en Russie, mais ils l'aiment. Allez y comprendre quelque chose ! »

Cette méfiance à l'égard de la patrie de Voltaire et de Diderot ne l'empêcha pas d'exiger que ses petits-fils fussent élevés à la française. À côté du charmant Alexandre, un autre garçon avait en effet vu le jour. Il fut appelé Constantin, comme moi, ce qui me flatta énormément. Bien que très jeunes encore – six ans et quatre ans –, ces bambins méritaient un précepteur hors ligne. On ne commence jamais trop tôt l'éducation des princes. Après de multiples consultations, Sacha Lanskoï et moi-même recommandâmes à Sa Majesté un Suisse, natif des environs de Genève, César-Frédéric La Harpe, lequel s'était occupé avec bonheur des deux frères cadets du favori actuel. On le disait fort savant et ouvert aux idées libérales. Dès qu'il nous eut fait connaître son accord, nous établîmes, sous l'égide de l'impératrice, un programme d'études inspiré des théories de Jean-Jacques Rousseau.

Tout en planant avec nous sur un nuage de nobles pensées, Catherine II poursuivait énergiquement sa politique de conquête. En juillet 1783, grâce aux efforts de Potemkine, la Russie annexait la Crimée. De gigantesques fêtes saluèrent la nouvelle de ce succès diplomatique et militaire. La tsarine était au pinacle. Après l'annonce de l'occupation par les troupes russes de ce territoire tant convoité, qui nous assurait le contrôle de la mer Noire, elle se rendit solennellement sur la place du Sénat et se recueillit devant la statue équestre de Pierre le Grand. On l'avait inaugurée l'année précédente, en l'absence de Falconet, qui entre-temps était reparti pour la France.

De retour au palais, Sa Majesté me convoqua dans son cabinet de travail. Je crus qu'elle voulait, selon son habitude, me donner des ordres pour sa correspondance. Mais elle me fit asseoir et demeura un long moment immobile, muette, me dévisageant avec une étrange fixité. J'avais l'impression qu'elle me déshabillait et me soupesait du regard. N'allait-elle pas me proposer de remplacer Sacha Lanskoï ? J'étais à sa merci. Et je savais déjà que, contrairement à lui, je serais incapable de la satisfaire, fût-ce en usant de préparations aphrodisiaques. L'épouvante me prit au ventre.

– Quel âge as-tu au juste ? me demanda-t-elle soudain.

De nouveau, elle me tutoyait, comme à mes débuts. Je vis dans cette familiarité retrouvée une confirmation de mes craintes.

– Vingt-huit ans, répondis-je.

– Ne crois-tu pas qu'il serait temps de te marier ?

Je respirai : la conversation s'engageait sur une voie rassurante.

– Oh ! non, n'en déplaise à Votre Majesté ! protestai-je. L'état de célibataire me convient parfaitement !

– Tu dis des sottises ! À l'approche de la trentaine, un homme a le devoir de se fixer, de fonder un foyer, d'avoir des enfants. D'ailleurs, j'ai une fiancée pour toi.

Elle m'annonçait cela comme une récompense ; loin de me réjouir, j'étais anéanti. Qu'avais-je à faire d'une femme légitime, alors que je régnais sur toute la volière des servantes de Sa Majesté ? Mais on ne résiste pas à un ordre venu de si haut. Même quand l'impératrice a tort, elle a raison. Mieux valait une existence morne avec un laideron pour épouse que la colère de la tsarine et l'exclusion du palais. Pris au dépourvu, je bredouillai :

– Votre Majesté est trop bonne !

– On ne l'est jamais assez avec des collaborateurs dévoués et compétents.

– Et à qui Votre Majesté a-t-elle pensé pour… cet arrangement ?

– À une jeune fille exquise. Elle a tout juste quinze ans. Mais elle est tout à fait formée.

– Je la connais ?

– Non. Cependant, tu connais son père. Il a travaillé avec toi : Nestor Masloff.

La stupeur me laissa bouche bée. Je savais que Nestor Masloff était veuf et avait trois filles, mais je n'en avais jamais rencontré aucune. Sans doute était-ce la plus jeune qu'on me destinait. Vu l'âge de mon collègue, il avait dû la concevoir à quarante ans passés. N'était-ce pas de mauvais augure ? Je n'osai demander si ma promise était jolie. Tout au plus me hasardai-je à murmurer :

– Comment s'appelle-t-elle ?

– Julie. N'est-ce pas un aimable prénom ?

– Oui, Votre Majesté.

– Tu es content ?

– Très content, Votre Majesté.

– Les présentations auront lieu dimanche prochain, à cinq heures, dans mon cabinet. Je n'ai
pas encore prévenu le père de Julie. Je voulais te
parler d'abord.

Sur ces entrefaites, on frappa à la porte et un
valet fit entrer Sacha Lanskoï. Il était déjà au
courant et me certifia que le projet de Sa
Majesté était excellentissime. Après quelques
minutes de bavardage, nous sortîmes tous deux
de la pièce et, dans l'antichambre, il me confia
d'une voix étouffée :

– Ah ! avoir une jeunesse dans son lit ! Et pas de
belle-mère à supporter ! Il me semble, cher
Constantin, que vous n'appréciez pas suffisam-
ment votre chance !

Venant de lui, pour qui l'amour avait une
saveur quelque peu faisandée, ces paroles
m'apportèrent l'encouragement dont j'avais
besoin. Je tâchai de me persuader que Sa
Majesté savait mieux que moi ce qui convenait à
ma félicité. Peut-être la pucelle qu'elle me destinait serait-elle pour moi un fruit délectable ?

En apprenant la nouvelle, ma mère pleura de
joie et s'agenouilla devant les icônes. Enfin son
fils allait se ranger ! Et sous l'auguste protection
de la tsarine ! Que pouvait-on espérer de plus
glorieux ?

Nestor Masloff ayant quitté ses fonctions
depuis six mois pour raison de santé, je ne pus
m'entretenir avec lui du désir de Sa Majesté. Il

me semblait bizarre qu'il devînt mon beau-père après avoir gratté du papier à mes côtés durant tant d'années.

À mesure que la date de la présentation approchait, je sentais croître mon angoisse. Le dimanche, à cinq heures moins dix, ma mère et moi étions dans l'antichambre de l'impératrice. On nous introduisit aussitôt et, devant celle qu'elle avait jadis vouée aux gémonies, ma mère fondit de gratitude et soupira :

– Nous n'aurons pas assez de toute notre vie, mon fils et moi, pour remercier Votre Majesté de sa bienveillante attention !

Sur ce, on annonça l'arrivée de la promise et de son père. Le souffle suspendu, je regardai la porte, avec au cœur un espoir fou. Le battant s'ouvrit lentement, comme dans un rêve. Je vis s'avancer, au bras de Nestor Masloff, une enfant pâlotte, fadasse, apeurée, vêtue d'une robe rose à ramages. Elle avait un long nez, de petits yeux bleus atones et des cheveux blonds, sans poudre, où étaient piquées quelques fleurs. Je ne sais pourquoi, je pensai à une souris flairant un piège. Sa disgrâce et son insignifiance me consternaient. « Vais-je être condamné, pour le restant de mes jours, à ce brouet insipide ? » me demandai-je avec révolte. Julie plongea dans une révérence maladroite devant l'impératrice, qui lui dit en souriant :

– Charmante ! Vous êtes charmante, mon enfant ! Nous avons toutes les raisons de nous féliciter de notre choix !

Ma mère renchérit :

– Oh ! oui, merci du fond du cœur à Votre Majesté ! Mon fils ne pouvait espérer plus délicieuse épouse. Une beauté ! Un regard d'ange ! Quel couple ! Quel couple !

Je serrai la main de Julie, une main si molle qu'un frisson désagréable me parcourut le dos. Les paupières baissées, elle fuyait mon regard. Mon ancien collègue, Nestor Masloff, engoncé dans son corset, me donna l'accolade. Il empestait le cosmétique et le vin. Depuis qu'il ne travaillait plus au secrétariat, il s'était mis à boire. Il me chuchota à l'oreille :

– Vous ne le regretterez pas, mon cher. Ma fille a toutes les qualités qu'un honnête homme peut exiger d'une épouse. En vous la livrant, je me prive du rayon de soleil qui jusque-là illuminait ma maison…

Ce fut Sa Majesté qui régla tous les détails de notre mariage. J'insistai pour que Sacha Lanskoï me servît de garçon d'honneur. Cette délicate preuve d'amitié toucha tellement notre souveraine qu'elle inclina trois fois la tête en signe d'assentiment. Le garçon d'honneur de la fiancée serait, décida l'impératrice, un autre chevalier-garde. Ainsi les deux jeunes gens appelés à tenir la couronne nuptiale au-dessus de la tête des futurs mariés porteraient le même uniforme.

– Ce sera plus joli pour le coup d'œil, assura Sa Majesté.

Après quoi, on passa au choix du domicile conjugal. Étant donné l'âge tendre de Julie, la tsarine estima que ma mère devrait, du moins dans les premiers temps, aider la jeune épousée de ses conseils et veiller sur sa conduite. Certes, notre appartement du quai de la Moïka était fort exigu, mais il y avait, sur le même palier, un appartement occupé par un ancien camérier de la cour et sa femme, tous deux cacochymes et à demi impotents. Sa Majesté avait déjà fait faire une enquête à leur sujet. D'après le rapport qu'elle avait reçu, le local était trop grand pour eux mais parfaitement adapté à la vie d'un jeune ménage, compte tenu de la progéniture à venir. Sur son ordre, les deux vieillards furent expulsés dès la semaine suivante et relogés dans une maison des faubourgs de la capitale. Je les vis s'en aller un matin, boitillants, misérables, chassés du paradis avec leurs balluchons. Cependant je ne les plaignais pas, tant il me semblait naturel que la volonté impériale frappât à droite, à gauche, élevant les uns, abaissant les autres.

Après leur départ, des ouvriers du palais s'occupèrent de remettre les lieux en état. Grâce à l'argent que j'avais épargné, j'achetai quelques meubles, mais ma fiancée n'eut même pas la curiosité de les voir. Elle semblait indifférente au sort qui l'attendait sous mon toit. Nous ne nous rencontrâmes que deux fois après la présentation chez la tsarine. Et, les deux fois, Julie resta muette, l'épaule basse, tandis que son père, ma mère et moi-même faisions les frais de la conversation. Le jour des fiançailles officielles, je reçus de Sa Majesté une dotation de dix mille roubles, qui me combla d'aise mais n'atténua pas mon appréhension. Je me raisonnai en me répétant que je n'étais pas le seul dans mon cas, à la cour. Former des couples à son idée était le péché mignon de l'impératrice. Elle aimait combiner des mariages inattendus parmi ses proches, faire le bonheur des gens malgré eux, jouer le rôle de la Providence. Peut-être était-ce pour cela que certains l'appelaient déjà Catherine la Grande ?

V

La cérémonie nuptiale fut simple, digne et émouvante, avec un prêtre à la barbe de patriarche, dont la voix semblait venir des entrailles de la terre, un chœur aux accents célestes et un Sacha Lanskoï plus fringant et plus beau que jamais dans son uniforme de parade. Julie, elle, sous son voile blanc, avait un visage de victime. Je la plaignais, je ne la désirais pas. Elle allait au sacrifice et je ne me sentais pas l'âme d'un bourreau.

Évidemment, j'étais un trop pâle comparse pour que Sa Majesté se fût dérangée en personne. Mais elle avait délégué la princesse Dachkoff, présidente de l'Académie russe, pour la représenter. Lorsque Julie et moi nous approchâmes de l'officiant, je pris soin d'être le premier à poser le pied sur le carré de brocart étalé devant l'autel, car, selon une croyance ancestrale, celui des deux époux qui devance l'autre dans ce mouvement s'assure pour toujours l'autorité dans le ménage. Toute l'assistance, derrière nous, guettait ce pas décisif pour l'avenir du couple. Lors de la bénédiction, je crus que Julie allait s'évanouir. Sa tête s'inclinait dangereusement. Elle était si jeune ! J'avais l'impression d'épouser ma fille.

Pendant le banquet qui suivit, la boisson, le bruit, la musique d'un orchestre d'instruments à vent m'étourdirent au point que j'oubliai un instant mes craintes. Mais, dès que je me retrouvai seul avec Julie dans notre chambre, elles m'assaillirent de nouveau. Ce fut une proie à demi morte de peur qui s'abandonna à mes baisers. En l'étreignant, dénudée et tremblante, j'éprouvai une espèce de remords qui me paralysa. Pour m'exciter à l'ouvrage, je me répétai mentalement, tandis que ma bouche effleurait sa peau : « C'est Sa Majesté qui te l'offre ! » À la longue, cette incantation produisit sur moi l'effet espéré. Je possédai maladroitement ma femme inerte, écoutai son petit cri d'oiseau blessé et m'écartai d'elle, déçu et honteux. Couchée sur le dos, les mains jointes, elle priait. Nous en restâmes là pour la nuit.

Le lendemain, en me recevant dans son cabinet de travail, l'impératrice me demanda sur un ton égrillard :

– T'es-tu bien comporté avec elle ?

Je répondis par l'affirmative et, cette question étant réglée, nous parlâmes du courrier en instance.

À dater de ce jour, je connus le supplice d'avoir à mes côtés une compagne à la fois obéissante et absente. Ma mère ne tarissait pas d'éloges sur sa bru. Elle la trouvait douce, distinguée, docile et pieuse. Quand Julie allait la voir, l'après-midi (juste le palier à traverser), elles avaient, en tête à tête, des conversations d'une reposante nullité. Lorsque j'apparaissais, mon épouse se taisait et rentrait dans sa coquille. Nous soupions le plus souvent à trois, avec ma mère. Durant le repas, Julie ne répondait à mes questions que par monosyllabes et fuyait mon regard comme si j'allais tout à coup me lever et lui appliquer une gifle. Je dois dire à sa décharge que jamais elle ne se refusa à moi. Mais, si elle ouvrait gentiment les jambes, c'était par devoir et en pensant à Dieu. Seul dans mon désir, je m'escrimais, la nuit, sur une créature aussi lisse et silencieuse qu'une planche. Je ne savais plus si j'étais marié ou célibataire. Afin de ne pas sombrer dans le désespoir, je me répétais que ma femme était trop jeune pour apprécier l'amour physique, mais que, d'ici quelques mois, elle s'épanouirait. D'ailleurs, il me semblait maintenant qu'elle était moins quelconque de visage. Il y avait dans ses yeux une lumière qui les élargissait. Et, quand elle souriait, elle devenait presque jolie. Son air d'enfant battue pouvait plaire. C'était encourageant pour notre avenir. En attendant les fruits de cette métamorphose, je m'abîmais dans le travail de bureau et les commérages futiles de la cour.

J'avais écrit à Joseph Proutier, que je croyais toujours à Moscou, pour lui faire part de mon mariage. Cette nouvelle, qui eût dû réjouir mon ancien mentor, resta longtemps sans réponse.

Puis je reçus de lui une lettre venant de France, dans laquelle il m'annonçait que, las de la Russie, il était retourné à Paris, qu'il y était très heureux et qu'il avait changé de métier. Il n'était plus perruquier, mais écrivain public, c'est-à-dire qu'il rédigeait des missives administratives, des billets d'amour, des placets de toutes sortes pour des illettrés qui le payaient selon le nombre de lignes. Ces précisions, qui m'eussent amusé jadis, me laissèrent indifférent. Je n'avais plus d'intérêt que pour ma propre vie, si médiocre et si douloureuse, entre mon épouse et ma mère.

Un soir du mois de mars 1784, je rentrai à la maison plus tôt que de coutume et entrouvris silencieusement la porte de notre chambre, pensant faire une surprise à Julie. Elle était dans le lit avec Sacha Lanskoï et haletait de plaisir. Occupés par leurs embrassements, ils ne me virent même pas et continuèrent de s'agiter ventre à ventre, tandis que je refermais le battant et me retirais sur la pointe des pieds. Pouvais-je me comporter autrement ? En provoquant un scandale, j'eusse compromis la carrière de Sacha Lanskoï et, par contrecoup, la mienne auprès de Sa Majesté. Oui, chassé de la cour, le favori m'eût inévitablement entraîné dans sa chute. Mieux valait taire cette infortune qui m'étonnait, certes, mais laissait mon orgueil intact. Il m'importait peu que ma femme trouvât auprès d'un autre des plaisirs que je n'avais pas su lui donner. Ne l'aimant pas, je n'avais pas à être jaloux d'elle.

Notre existence continua donc, inchangée en apparence, avec ses petites tracasseries et ses petites joies quotidiennes : ma mère cajolant Julie, Julie recevant Sacha Lanskoï en secret, moi gravissant un à un de nouveaux échelons dans l'estime de l'impératrice. Cependant, pour me venger de mon état de mari complaisant, j'imposai à ma femme, de temps en temps, une obligation conjugale qu'elle s'appliquait consciencieusement à satisfaire.

Au début de l'été 1784, la cour émigrant à Tsarskoïe Selo, Julie voulut m'y accompagner, sans doute pour n'être pas séparée de son amant. Mais Sacha Lanskoï donnait des signes de fatigue. Son double service auprès de Sa Majesté et de ma femme eût épuisé n'importe quel homme normalement constitué. Il me confia que l'impératrice se montrait de plus en plus exigeante et qu'il était forcé, pour ne pas la décevoir, d'augmenter les doses de poudre de cantharide. Son œil était hagard, son teint terreux. Il se promenait chaque jour, dans le parc, avec Sa Majesté. Les deux jeunes grands-ducs, Alexandre et Constantin, s'ébattaient sur la pelouse, devant leur grand-mère et son amant, et cela formait un charmant tableau de famille. De loin en loin, notre souveraine, lourde et radieuse, s'inclinait au-dessus d'un massif de roses pour en humer le parfum.

Tout semblait concourir au bonheur de Sa Majesté. Mais voici que, le 19 juin, Sacha Lanskoï fut saisi d'une brusque fièvre. Grelottant, transpirant, la gorge enflammée, il dut renoncer à la promenade et se mit au lit. Comme il respirait avec peine, les médecins pensèrent à une angine pernicieuse et supplièrent Sa Majesté de se tenir à l'écart, pour éviter la contagion. Elle refusa de les écouter et s'installa avec héroïsme au chevet de son favori. Il étouffait et les docteurs variaient les remèdes sans que le malade en reçût le moindre soulagement. Derrière leur dos, on chuchotait que ce n'était pas l'angine, mais l'abus des aphrodisiaques qui avait terrassé Sacha Lanskoï. Il mourut six jours plus tard, dans les bras de l'impératrice. L'enterrement eut lieu dans le parc de Tsarskoïe Selo, en présence de toute la cour. Après les funérailles, Sa Majesté, brisée de chagrin, dut s'aliter elle-même. Quand je la revis, au bout d'une semaine, elle me dit :

– Je viens de perdre mon vrai fils.

Et, repoussant son courrier personnel, elle ajouta :

– Écris à ma place. Je te fais confiance. Moi, je n'ai plus la force. Je signerai, c'est tout !

Ma femme, elle, subit la disparition de Sacha Lanskoï avec un calme qui m'étonna. L'avait-elle aimé ? Était-elle seulement capable d'aimer quelqu'un ? Il me sembla qu'elle traversait la vie comme une somnambule. Pourtant je la surpris, un soir, en train de déposer des fleurs sur la tombe de Sacha Lanskoï. Ce geste, qui aurait dû m'irriter, améliora bizarrement l'idée que je me faisais d'elle. En ayant l'air de regretter la perte de son amant, elle devenait à mes yeux plus humaine, plus compréhensible, plus proche.

Mais il était dit que nous ne pourrions jamais nous rejoindre dans une mutuelle confiance. À quelque temps de là, Julie m'annonça qu'elle était enceinte. De moi ou de l'autre ? Je ne lui posai pas la question. Sa réponse eût été un mensonge. Avec dégoût, j'acceptai de donner mon nom à un enfant dont je n'étais probablement pas le père. Je feignis même de me réjouir à l'idée de l'événement qui se préparait. Ma mère était aux petits soins pour sa bru, dont le ventre rebondi l'attendrissait jusqu'à la niaiserie. L'accouchement était prévu pour le début du mois de décembre 1784.

Un matin de novembre, alors que je travaillais avec l'impératrice au dépouillement du courrier, un messager vint m'avertir, de la part de ma mère, que Julie avait été prise de douleurs subites et qu'elle était morte en mettant au monde une fillette. Frappé par un chagrin dont la violence, dans ma situation, peut paraître surprenante, j'entendis à peine les condoléances de Sa Majesté et lui demandai la permission de courir chez moi.

En arrivant à la maison, je tombai au milieu des soupirs et des sanglots. Ma mère et mon beau-père se tenaient, épaule contre épaule, devant le corps et pleuraient. Le prêtre qui avait béni notre union était présent, lui aussi. Une odeur d'encens flottait dans la pièce. On avait déjà habillé et coiffé le cadavre. Julie reposait, enfant sage, dans sa robe de mariée. Je ne pus retenir mes larmes. Et cependant je n'ignorais rien de sa duplicité, de sa vilenie. Au vrai, son apparence innocente, dans le froid de l'éternité, me désarmait. L'image que j'emporterais d'elle ne serait pas, pensai-je, celle d'une femme pâmée sous les caresses de son amant, mais celle d'une jeune fille tranquillement assoupie à la lueur des cierges et sous la garde des icônes.

Après une courte prière, ma mère me conduisit vers le berceau où vagissait un nouveau-né à la face cramoisie. Ce rejeton d'un mort et d'une morte, je sentis que je ne lui pardonnerais jamais d'être là, tel un symbole vivant de mon déshonneur conjugal. Oui, sans plus de raisons que naguère, je savais, de toute ma chair, de toute mon âme, que ce bébé n'était pas de moi. Devrais-je, tout au long de mon existence, regarder grandir à mes côtés une fille que je ne pouvais ni aimer ni renier? Avec horreur, je me détournai de cette minable bâtarde dont la seule vue me rappelait ma disgrâce.

– Nous l'appellerons Julie, comme sa pauvre maman, murmura ma mère.

– Si tu veux, dis-je en haussant les épaules.

Nous engageâmes une nourrice. Son lait devait être de mauvaise qualité, car l'enfant dépérit à vue d'œil. Quinze jours plus tard, au réveil, nous trouvâmes la petite Julie morte, mais encore tiède, dans son berceau. J'avoue que son décès m'apporta le soulagement dont j'avais besoin pour continuer à vivre et à travailler sous les ordres de Sa Majesté.

Après ce double deuil, l'impératrice, elle-même cruellement éprouvée par le sort, me témoigna un regain d'amitié. Unis dans le veuvage, nous soupirions en parlant de nos absents bien-aimés. Ses ministres la voyaient moins souvent que moi. Je lui suggérai d'ériger, dans le jardin de Tsarskoïe Selo, un monument funéraire à la mémoire de Sacha Lanskoï. Elle me remercia pour cette pieuse pensée et ordonna de graver sur l'urne ces simples mots, en français : *À mon plus cher ami.*

Puis, pour s'étourdir, elle se plongea dans l'étude de différentes langues étrangères et s'entoura d'un grand nombre de dictionnaires que Grimm lui envoyait de Paris. Mais je devinais que cette discipline intellectuelle ne pouvait suffire à la délivrer de sa mélancolie. Elle aimait trop la vie pour se contenter des vains exercices de l'esprit. Il lui fallait, pour retrouver son équilibre, la robuste nourriture de l'amour. J'osai le lui dire à mots couverts. Et elle n'en parut nullement offusquée.

Arrivé en trombe de je ne sais où, le pétulant Potemkine, sacré depuis peu prince de Tauride, s'employa, lui aussi, à persuader Sa Majesté qu'elle devait surmonter sa peine et songer à de nouvelles voluptés. À sa demande, elle finit par jeter les regards sur un dénommé Alexandre Ermoloff, dont il lui vantait les inépuisables ressources physiques et morales. Grand, blond, les yeux fendus en amande et le nez légèrement épaté, il était, disait-on dans son entourage, une sorte de « nègre blanc », alliant le charme slave et le mystère exotique.

Catherine II le prit à l'essai et en parut d'abord satisfaite. Mais, la tête enflammée par son ascension, Ermoloff se jugea assez fort pour se débarrasser de son protecteur. Poussé par les ennemis de Potemkine, très nombreux à la cour, il révéla à l'impératrice que l'homme à qui elle vouait depuis tant d'années amitié et admiration détournait à son profit les sommes qu'il recevait pour l'organisation et la mise en valeur de la Russie blanche. Furieux de cette accusation – qui, j'en suis sûr aujourd'hui, était parfaitement fondée –, Potemkine se précipita chez la tsarine. Alors qu'elle était dans son boudoir, aux mains de son coiffeur, il la somma de choisir, séance tenante, entre lui, prince de Tauride, vainqueur des Turcs, colonisateur des steppes de l'Ukraine, et ce « nègre blanc » qui n'était qu'un banal instrument de plaisir. Ébranlée, Sa Majesté n'hésita pas à sacrifier son jeune favori au borgne rugissant, dressé devant elle dans son habit de cérémonie constellé de décorations. Elle le savait prévaricateur, roublard et fastueux, mais elle lui pardonnait tout en souvenir de leurs amours anciennes. Congédié sans explication, Ermoloff sollicita l'honneur de voir une dernière fois sa souveraine avant de quitter le palais. Elle refusa de le recevoir, mais lui octroya un superbe cadeau d'adieu : cent trente mille roubles et quatre mille paysans. J'estimai qu'elle le payait trop cher pour le peu de temps qu'il avait passé auprès d'elle.

L'appartement des favoris se trouvait vide, une fois de plus. L'impératrice languissait. Pesante, essoufflée, marquée par l'âge, elle rejetait l'un après l'autre les candidats qui se mettaient sur les rangs pour la satisfaire. Enfin Potemkine dénicha l'oiseau rare et poussa en avant un bel officier de la garde, sanglé dans son uniforme rouge, le regard hardi et le geste élégant. Il avait vingt-six ans, s'appelait Alexandre Mamonoff et parlait couramment le français. En outre, dès la première nuit, il se révéla un mâle de choix. Il me sembla que Sa Majesté rajeunissait au contact de cette chair saine et souple. Elle ne faisait plus un pas sans être accompagnée d'Alexandre Mamonoff, qu'elle avait surnommé « Monsieur l'habit rouge », riait à ses moindres plaisanteries, partageait ses goûts en matière de livres, de musique, de tableaux et, impudique dans son bonheur, écrivait à ses correspondants habituels, par mon entremise, pour chanter les louanges de l'élu. Moi aussi, du reste, je trouvais que cet Adonis avait tout pour plaire à une femme sur le retour. En fait, il cachait son jeu derrière un masque de gentillesse. Sa vraie nature était envieuse et calculatrice. Je l'appris bientôt à mes dépens.

Tout en me marquant une vive sympathie, Alexandre Mamonoff supportait mal mon intimité avec l'impératrice. Sans doute estimait-il que, en m'occupant du courrier personnel de Sa Majesté, en la conseillant avec un infini respect, en recevant parfois ses confidences, j'empiétais sur les prérogatives du favori officiel. Se plaignit-il à Catherine II de l'importance qu'elle m'accordait à son détriment ? Toujours est-il qu'elle cessa de me convoquer à tout bout de champ dans son cabinet. Bientôt je ne la vis plus que rarement seul à seule ; nos conversations se bornaient chaque fois à des considérations de service et elle ne me tutoyait plus. En tout cas, jamais devant « Monsieur l'habit rouge ». Dès que cet homme découvrait ma présence dans le bureau de Sa Majesté ou dans un salon, son visage se fermait. Sans avoir rien fait pour lui nuire, j'étais devenu son ennemi juré. Manifestement, son but était de m'éloigner du trône. Après avoir été si proche du soleil, je me résignais difficilement à replonger dans l'ombre. Du moins pensais-je pouvoir continuer, à l'écart, mon paisible travail de secrétaire. Or, un matin du mois de juin 1786, Sa Majesté m'appela dans son cabinet et m'annonça qu'elle songeait pour moi à un autre avenir.

Alexandre Mamonoff se tenait debout derrière elle, raide et dédaigneux.

– Oui, mon cher, reprit l'impératrice, vos talents me paraissent mal employés, ici. D'autre part, nos rapports avec la France sont en voie d'amélioration. J'ai à Paris un nouvel ambassadeur, l'excellent baron Simoline. Vous allez le rejoindre. Certes, vous n'aurez auprès de lui aucune affectation spéciale. Mais vous regarderez, vous écouterez, vous me rendrez compte de vos impressions. Je suis sûre que cet emploi d'observateur vous conviendra à merveille.

J'entendais mon arrêt de mort. Qu'allais-je faire en France, alors que tant de liens m'attachaient à ce palais où je me sentais comme chez moi, à cette souveraine dont la confiance m'était aussi nécessaire que la vodka à un ivrogne ? Puni, humilié, je ne me révoltai même pas contre tant d'injustice. J'étais un pion dans la main de Sa Majesté. Libre à elle de me déposer à tel ou tel endroit, sur la carte de l'Europe. Alexandre Mamonoff me toisait d'un regard insolent. Il triomphait, il exultait en silence. Cependant, l'impératrice me parut gênée par la décision qu'il l'avait invitée à prendre. Au bout d'un moment, elle baissa la tête, comme envahie de lassitude et de regrets. Rassemblant mon courage, je demandai :

— Quand Votre Majesté désire-t-elle que je parte ?

DEUXIÈME PARTIE

I

Mon voyage, commencé au mois de juillet 1786, fut long et pénible. Je dus m'arrêter six jours à La Haye et quatre jours à Bruxelles, par suite du manque de coordination entre les différents services de diligences. La plupart des relais étaient à court de chevaux. Il fallait patienter, tempêter, menacer, graisser la patte des maîtres de poste. Lors de la dernière étape, en pleine canicule, les voyageurs étaient si serrés dans la voiture que nous dûmes ouvrir les portières pour ne pas étouffer. Le courant d'air me refroidit la poitrine, si bien que j'arrivai à Paris éternuant et crachant.

Immédiatement, je me fis conduire en fiacre, avec mes bagages, de la cour des Messageries royales à l'adresse de Joseph Proutier, que j'avais prévenu entre-temps. Il habitait une vieille maison, sur la rive gauche de la Seine, dans la rue des Canettes. Son échoppe d'écrivain public, située au rez-de-chaussée, présentait une large devanture qui attirait les regards des passants. Derrière la vitre poussiéreuse étaient fixés, avec des pains à cacheter, des spécimens de lettres d'amour, de suppliques administratives, de poèmes pour anniversaire. L'enseigne s'ornait de cette inscription engageante : *L'Ami des cœurs solitaires. Secret garanti, succès assuré.* Je poussai la porte.

Joseph Proutier était assis à sa table et écrivait, le dos bossu, le nez chaussé de bésicles, le menton frôlant presque le papier. Il ne leva pas la tête à mon entrée, signalée par un tintement de clochette. Une jeune femme en caraco, debout devant lui, attendait avec un respect religieux qu'il eût fini de calligraphier la lettre qu'elle lui avait commandée. Le silence n'était troublé que par le grincement régulier de la plume. Ayant terminé son travail, Joseph Proutier sécha l'encre avec de la poudre et, sans même regarder l'intéressée, lui lut le texte à voix basse. Elle en parut ravie, glissa le pli dans son corsage, déposa quelques sols sur le bureau et s'en alla d'une démarche dansante. Alors seulement Joseph Proutier, se renversant sur le dossier de sa chaise, découvrit ma présence. Nous nous jetâmes dans les bras l'un de l'autre. Il avait tellement vieilli et maigri que je crus étreindre un squelette. Dans la violence de nos embrassements, je fus pris d'éternuements incoercibles. Il me donna un flacon rempli d'une mixture de sa composition. J'en respirai les émanations acides et, en effet, mon rhume disparut comme par miracle.

Pendant une bonne heure, nous commentâmes avec volubilité les événements qui avaient marqué notre vie à tous deux depuis notre séparation à Saint-Pétersbourg, quelque douze ans plus tôt. Ce qui l'amusait le plus, c'était l'énumération des derniers favoris de l'impératrice. De temps à autre, nous étions interrompus par un client, qui franchissait le seuil d'un pas furtif et s'approchait du bureau de Joseph Proutier comme d'un confessionnal. Il l'écoutait avec attention, hochait la tête, levait le regard au plafond pour y chercher l'inspiration et, soudain, traçait une dizaine de lignes sur le papier, d'une belle écriture bouclée. Puis, ayant touché son dû, il revenait, la mine gourmande, à notre conversation.

Quand nous eûmes vidé chacun notre sac à souvenirs, il se préoccupa de mon hébergement. Lui-même dormait dans une sorte de placard qui constituait ce qu'il appelait pompeusement l'arrière-boutique. Ce local était, jugeait-il, trop insalubre et trop exigu pour que je pusse le partager avec lui. Mais, dès réception de ma lettre, envoyée de Bruxelles, il s'était arrangé avec son propriétaire, M. Martial Biseautin, un vieux grigou qui habitait à deux pas de là, rue Garancière, pour que celui-ci me louât une chambre. Cette chambre, actuellement disponible, dépendait de l'appartement personnel de M. Biseautin et avait l'avantage de comporter une entrée indépendante. Selon Joseph Proutier, le bonhomme, étant veuf et d'un naturel sauvage, ne recevait jamais personne et menait une vie d'anachorète. À son avis, je ne pouvais trouver mieux dans tout Paris. Il me demanda paternellement si j'avais de quoi payer le loyer. Je le rassurai : Sa Majesté avait eu la bonté de me faire avancer un peu d'argent pour faciliter mes débuts en France.

– Dans ce cas, il ne nous reste plus qu'à prendre joyeusement possession des lieux ! s'écria-t-il.

Il accrocha à la porte de sa boutique une pancarte informant les chalands que *L'Ami des cœurs solitaires* s'absentait pour une heure, un gamin d'une quinzaine d'années, qui lui servait de souillard et de saute-ruisseau, chargea mes bagages dans une brouette et nous nous acheminâmes vers la rue Garancière.

M. Martial Biseautin nous reçut, écroulé de toute sa graisse au fond d'une large bergère tapissée de damas vert olive. Une houppelande de laine marron l'enveloppait du cou aux chevilles, malgré la chaleur. Dans son visage blafard et adipeux, de petits yeux cupides brillaient, telles des escarboucles serties dans un bloc de saindoux. D'entrée, il me signifia que toute discussion sur le prix exigé par lui était inutile, qu'il ne tolérerait pas le moindre bruit de mon côté après neuf heures du soir, car les cloisons étaient minces, enfin que sa fille, Mme Laure Jouhanneau, très éprouvée par son récent veuvage, venait parfois passer quelque temps avec lui et que, ces jours-là, je devrais céder ma chambre à la jeune femme et coucher dans la cuisine, où l'on disposerait une paillasse à mon intention. Toutes ces conditions, bien qu'annoncées sur un ton aigre, me parurent acceptables.

J'échangeai un regard de connivence avec Joseph Proutier, signai, sans le lire, un billet d'engagement préparé par mon hôte et lui versai d'avance le montant d'un mois de location.

Affaire conclue, j'emménageai dans la chambre qui m'était destinée et dont l'ameublement, fort sommaire, se composait d'un lit à demi défoncé, d'une table bancale, de deux chaises paillées, d'un broc avec son seau et sa cuvette, enfin d'une grande armoire à deux portes, où Joseph Proutier m'aida à ranger mes vêtements. Puis nous sortîmes, car j'avais hâte de voir la ville dont tout le monde, en Russie, vantait les splendeurs. Elle me parut plus sale, plus vétuste et surtout plus désordonnée que Saint-Pétersbourg. Une foule molle et bavarde se bousculait dans les ruelles tortueuses du quartier. Les architectes parisiens devaient ignorer la ligne droite et la symétrie. Aucune maison ne ressemblait à sa voisine. Entre les pavés disjoints, s'écoulaient des ruisselets d'eau puante. Des chiens galeux, des chats faméliques, des poules voraces se cognaient aux jambes des promeneurs. Çà et là, un marchand de gaufres ou d'oignons grillés interpellait les passants.

Nous prîmes un bac pour traverser la Seine. La cohue et le bruit du Palais-Royal me déplurent. Pour un Russe, habitué à la discipline, aux uniformes, au silence devant les autorités, tout ce charivari était contraire à la bienséance entre citoyens. Je me rappelai l'opinion de notre impératrice sur la France. Comme elle, j'admirais les monuments, j'appréciais la musique de la langue française, mais les Français m'inquiétaient par leur liberté de manières et leur esprit critique toujours en éveil. En plein cœur de Paris, des vendeurs de journaux proposaient à la criée des libelles injurieux pour le couple royal. Je fis part à Joseph Proutier de ma surprise devant tant d'irrévérence et il m'expliqua que Marie-Antoinette s'était gravement déconsidérée dans le pays à cause de ses dépenses exorbitantes, de son insolente frivolité et de son influence néfaste sur un mari au caractère terne et irrésolu. Pour me convaincre de cette rupture entre l'opinion publique et les souverains, il évoqua la récente « affaire du collier », dont j'avais entendu parler au cours de mon voyage, mais que je ne connaissais pas en détail. Selon lui, une odieuse machination, montée par une intrigante, Mme de La Motte, avait fait croire au peuple que la reine s'était entendue secrètement avec le cardinal de Rohan, son soupirant malchanceux, pour qu'il lui achetât, en échange de ses faveurs, le plus beau bijou du monde. Afin de faire éclater l'innocence de son épouse, Louis XVI avait exigé que les coupables fussent jugés par le Parlement. Or, si les magistrats avaient, en mai dernier, condamné Mme de La Motte à la marque au fer rouge et à la détention perpétuelle, le cardinal de Rohan s'était vu, lui, lavé de toute accusation. Il avait même quitté la Bastille sous les acclamations, tandis que des cris hostiles s'élevaient contre Marie-Antoinette, « l'Autrichienne ». Depuis, les esprits s'étaient un peu calmés et Joseph Proutier espérait qu'à la longue Leurs Majestés retrouveraient l'affection et l'estime de leurs sujets, trop prompts à la révolte. Mais il reconnaissait que, pendant quelques mois, il avait partagé l'indignation de ses concitoyens.

— En Russie, dit-il, pour autant que j'ai pu en juger lors de mon long séjour là-bas, les gens n'ont le sang qui s'échauffe qu'en cas de maladie ; ici, même les gens bien portants ont la fièvre. L'état normal du Français, c'est l'exaltation à propos de tout et de rien. Avouez qu'il est difficile de faire de la bonne politique avec une nation qui bouillonne comme soupe au lait !

Il rit et je compris que, dans cette contrée bénie, il ne fallait pas s'inquiéter outre mesure et que les pires présages s'y dissipaient dans le ciel comme de la fumée, au vent de l'ironie et de la mode.

Nous finîmes par échouer dans une gargote du quartier Saint-Sulpice, où je mangeai de bon appétit une cuisine épicée et grasse. Joseph Proutier m'ayant recommandé au tenancier, je fus admis chez lui comme pensionnaire à raison d'un repas par jour ; mais, là encore, je dus payer le mois d'avance. Mon pécule s'en trouva sévèrement écorné. Il était temps pour moi de prendre mes fonctions auprès de Simoline et de toucher le traitement qui m'était dévolu par la grâce de l'impératrice.

Ma nuit fut troublée par les quintes de toux, les crachotements et les ronflements de Martial Biseautin, qui couchait de l'autre côté de la cloison. Levé dès l'aube, je commençai par écrire une longue lettre à ma mère. Puis, après une toilette méticuleuse, je sortis sans déranger mon hôte, par la porte qui donnait droit de ma chambre sur le palier, et me rendis à l'ambassade de Russie. Elle était située sur la rive droite, rue de Gramont, en l'hôtel de Lévis.

L'ambassadeur, Ivan Matveïevitch Simoline, étant en conférence, j'attendis deux heures dans l'antichambre avant d'être reçu. Enfin, un secrétaire m'introduisit dans le bureau de Son Excellence, où régnaient les soieries bleu pâle, la marqueterie blonde et les dorures contournées, comme dans un boudoir du palais d'Hiver. Le cœur serré, je fis un pas et m'inclinai dans un profond salut, face à un sexagénaire grassouillet, aux bras courts, à la perruque frisée et à l'œil de dindon. Bien que prévenu depuis longtemps, par la voie officielle, de ma prochaine arrivée, il ne paraissait nullement ravi de me voir. M'ayant prié de m'asseoir, il m'apprit que, certes, les ordres de Sa Majesté étaient pour lui paroles d'Évangile, mais que le personnel de l'ambassade était plus que suffisant et qu'il n'imaginait vraiment pas à quelle tâche il pourrait m'employer. Je compris avec amertume que cette nomination en France était de la frime et que l'impératrice, circonvenue par Mamonoff, s'était débarrassée de moi en me poussant dans un cul-de-basse-fosse. Mon dépit, mon humiliation devaient se lire sur mon visage, car Simoline se radoucit et m'assura qu'en tout état de cause je toucherais l'intégralité de mes appointements et qu'il me confierait, de loin en loin, des dossiers à examiner, des lettres à rédiger, afin que je ne me sentisse pas complètement inutile. Il m'engagea même à faire régulièrement acte de présence dans ses bureaux.

Ensuite, il m'interrogea sur mes premières impressions de Paris. Comme je lui avouais que j'étais choqué par l'animosité ouverte du peuple français envers ses souverains, il s'embrasa. Oubliant toute diplomatie, il se lança devant moi, un inconnu, un subalterne, dans un violent réquisitoire contre les ennemis du roi et de la reine, dont les plus acharnés étaient, disait-il, des familiers de la cour. Ses fréquentes visites à Versailles lui avaient permis de mesurer l'ampleur du complot. Il citait pêle-mêle des noms de hauts personnages dont je n'avais jamais entendu parler. À l'en croire, le meneur de ce vilain jeu était le propre cousin du roi, le duc d'Orléans, qu'on appelait Monsieur. Somme toute, je trouvai notre ambassadeur plus inquiet que Joseph Proutier sur l'avenir de la France. Pour conclure, il déclara, avec une flamme dans les yeux :

— Ce qu'il faudrait aux Français, ce n'est pas un Louis XVI, c'est une Catherine II !

Après quoi, il reprit sa respiration, s'éventa le menton avec un mouchoir en dentelle et convoqua ses collaborateurs pour leur présenter leur nouveau collègue, qui, sans travailler à leurs côtés, sur place, serait en quelque sorte un agent extérieur de l'ambassade.

— La vie de la cour, à Versailles, nous est bien connue, me dit-il encore. Vous nous rapporterez les échos du petit peuple de Paris. Ouvrez les yeux et les oreilles. Et n'oubliez jamais que vous êtes russe avant tout. C'est une grande qualité, en ce siècle de folie libérale !

Je me retirai, à la fois rasséréné et perplexe, avec l'impression d'avoir, le temps d'une visite, retrouvé ma patrie, si sage, si immobile et si digne, au milieu de la cacophonie française.

Les semaines suivantes, je m'imposai de passer chaque matin, vers dix heures, à l'ambassade, pour témoigner de ma bonne volonté ; j'y bavardais avec quelque secrétaire désinvolte et en repartais sans qu'on m'eût confié le moindre dossier. L'après-midi, je m'installais dans l'échoppe de Joseph Proutier et l'aidais dans ses écritures. Entre deux lettres, nous échangions des commentaires désabusés sur la politique. En septembre 1786, le contrôleur général Calonne lança un nouvel emprunt. Selon Joseph Proutier, les embarras financiers du royaume étaient dus à la mauvaise gestion de feu Louis XV, mais c'était le crédit de Louis XVI qui en pâtissait. Quant à l'homme de la rue, il continuait d'accuser Marie-Antoinette d'être trop dépensière et de mener son mari par le bout du nez. On lui prêtait des aventures amoureuses et des accointances suspectes avec sa famille autrichienne. On la rendait responsable de tout ce qui allait mal en France. Lorsqu'il m'arrivait de flâner à travers Paris, je percevais dans l'air comme un crépitement d'étincelles. Les choses et les gens, ici, étaient également instables. Mes voisins d'assiette, dans la gargote où je prenais mes repas, ne se gênaient pas pour critiquer à haute voix le roi et la reine.

Tous, qu'ils fussent bourgeois, clercs, artisans, ouvriers, me semblaient agressifs et vantards. Le mécontentement était leur métier, le bavardage leur exutoire. Ils savaient mieux que quiconque comment il fallait gouverner le pays. J'évitais de prendre part à ces conversations subversives et me dépêchais, le soir venu, de rentrer chez moi.

J'y retrouvais Martial Biseautin, qui, lui aussi, vitupérait les ministres en place. Mais ses reproches dépassaient la politique française et s'adressaient, en réalité, à la terre entière. Je le soupçonnais de se plaindre de tout et de tous par crainte, s'il se montrait satisfait, d'attirer sur lui le mauvais sort. D'après Joseph Proutier, ce vieillard cacochyme était cousu d'or, possédait plusieurs maisons à Paris et en faisait encaisser les loyers par sa fille, Laure Jouhanneau, qui était encore plus avide que lui. Elle avait perdu, l'année dernière, un mari deux fois plus âgé qu'elle et habitait rue Saint-Honoré, au-dessus d'un petit magasin de modes dont elle était la propriétaire et que gérait une employée terrorisée et mal payée. Plusieurs fois par semaine, elle rendait visite à son père et avait avec lui des conversations émaillées de chiffres, que j'entendais, malgré moi, à travers la cloison. Je m'étonnais qu'une femme aussi belle eût la réputation d'avoir un cœur aussi sec. Elle était grande, souple, avec une peau de lait, des yeux verts allongés jusqu'aux tempes et des cheveux d'un blond roux, dont le flamboiement auréolait son calme visage de statue. Selon nos conventions, je lui cédais mon lit lorsqu'elle décidait de passer la nuit à la maison et me contentais d'une paillasse, entre le fourneau et l'évier de pierre, dans la cuisine. Pas une fois elle ne me pria de l'excuser pour le dérangement que me causait sa venue. Son regard glissait sur moi comme sur un meuble. Elle évitait de m'adresser la parole. Peut-être regrettait-elle que son père m'eût cédé cette chambre. Je n'aurais pas été surpris qu'elle m'annonçât tout à coup leur intention d'augmenter mon loyer.

Cependant les mois passaient ; à l'automne pluvieux succéda un hiver glacial et sec qui me rappela la Russie ; je grelottais dans mon réduit, dont un méchant poêle de fonte ne parvenait pas à tiédir l'atmosphère, et mes relations avec Martial Biseautin et sa fille demeuraient immuablement banales. Je m'habituais si aisément à cette vie de loisir et de solitude que je ne souffrais même plus d'être sans emploi à l'ambassade. Je n'y allais que pour apporter quelques journaux, quelques pamphlets achetés au hasard de mes promenades, remettre le courrier destiné à ma mère et à mes amis de Saint-Pétersbourg, glaner des informations sur ce qui se tramait à Versailles. Bien entendu, je continuais d'adresser de loin en loin à Sa Majesté, par l'intermédiaire de Simoline, des rapports sur la situation en France. Conformément à l'usage, je terminais mes lettres par la formule : « Votre très humble et très obéissant serviteur. » Cette phrase de politesse exprimait, dans mon cas, un sentiment sincère. J'étais réellement le « très humble et très obéissant serviteur » de tous les gens en place, à commencer par l'impératrice et à finir par le dernier des secrétaires d'ambassade.

En février 1787, le roi jugea bon de convoquer une assemblée de notables. Ces messieurs refusèrent d'approuver le projet de réforme fiscale soumis à leur examen par Calonne et celui-ci, peu à peu lâché par Louis XVI, fut contraint de démissionner. Il était devenu très impopulaire, parce que, disait-on, il voulait créer de nouvelles taxes pour remplir les caisses du Trésor. Sa chute provoqua une explosion de joie dans la capitale. On brûla son effigie sur les places publiques. Il fut remplacé par un archevêque, Loménie de Brienne, qui était un protégé de Marie-Antoinette. Cette nomination réjouit fort M. Martial Biseautin. D'après lui, le nouveau ministre était un homme de bon sens, qui encouragerait les honnêtes gens à s'enrichir au lieu de se préoccuper des gueux. Sa fille lui donnait raison. Je leur opposai l'avis de notre ambassadeur Simoline, qui, lui, ne voyait de salut que dans le retour de Necker aux affaires. Ils me rirent au nez. Le jour de cette discussion, il me sembla que Laure Jouhanneau s'était définitivement convaincue de mon incompétence, voire de ma naïveté. Elle me traitait en coquebin, alors que j'avais trente-deux ans. Sans doute n'était-elle guère plus âgée, mais elle avait dans le cœur la dureté et le calcul qui sont, à ce qu'il paraît, les fruits amers de l'expérience.

À quelque temps de là, exactement le 3 juin 1787, Martial Biseautin eut une forte indigestion, à cause d'un repas trop copieux et trop arrosé. Les yeux exorbités, il respirait si difficilement que sa fille, inquiète, décida de rester auprès de lui pour la nuit. J'émigrai donc dans la cuisine, tandis qu'elle s'installait dans ma chambre. Vers deux heures du matin, je fus réveillé par une main énergique secouant mon épaule. Dressé sur mon séant, je vis Laure Jouhanneau en chemise longue, un chandelier au poing et le visage décomposé par l'angoisse.

– Vite ! Vite ! me soufflait-elle. J'ai besoin de vous ! Mon père vient d'avoir une attaque d'apoplexie !

J'enfilai ma culotte et me précipitai dans la chambre de Martial Biseautin. Il gisait sur son lit, inerte, la face convulsée, l'œil vitreux, un filet de bave au coin de la bouche.

– Il faudrait le saigner, dis-je.

– Oui, mais où trouver un médecin à cette heure-ci ?

Immédiatement, je pensai à Joseph Proutier. En tant qu'ancien barbier, il devait savoir pratiquer une saignée.

– Je m'en charge, madame ! m'écriai-je. Veillez sur votre père. Je reviens dans le quart d'heure.

M'étant habillé en un tournemain, je dégringolai l'escalier et me mis à courir, les coudes au corps, dans la nuit noire. Des volets de bois étaient fixés sur la devanture de *L'Ami des cœurs solitaires*. Je cognai à coups redoublés contre les planches. Au bout d'un long moment, la voix de Joseph Proutier me parvint, ensommeillée. Je lui expliquai ce que j'attendais de lui. Dix minutes plus tard, nous nous dirigions tous deux, à grands pas, vers la rue Garancière.

Laure Jouhanneau nous accueillit comme des sauveurs. Ayant pris le pouls du malade, Joseph Proutier lui ligatura le bras, me pria de tenir le bassin à bonne distance et incisa la veine à la lancette. À l'instant précis où le sang gicla, Laure Jouhanneau eut un frémissement des épaules et leva sur moi un regard dont la hardiesse me troubla au point que je faillis lâcher la cuvette. Que voulait-elle dire en me dévisageant avec tant d'insistance ? Il y avait dans ses yeux de la joie, de la gratitude et une sorte d'appel au secours. La nuit, le silence, la flamme jaune des bougies, les ombres mouvantes sur le mur, la flaque rouge qui s'élargissait au fond du vase, la figure disloquée du vieillard et cette douce gorge de femme respirant si près de moi, sous la chemise entrouverte, tout cela composait une fantasmagorie dont le souvenir, aujourd'hui encore, me chavire le cerveau.

Joseph Proutier n'avait pas perdu la main. Ayant largement saigné le patient, il ôta la ligature et appliqua un petit pansement sur la plaie, au pli du coude. Peu à peu, le visage de Martial Biseautin se détendit. Mais sa bouche restait déviée et comme morte. Il essaya de parler et ne put articuler que quelques sons inintelligibles. Ses yeux se fermèrent, son souffle s'égalisa.

– Il va dormir, murmura Joseph Proutier. Et demain, il ira mieux. Sinon, il faudra appeler un médecin.

Laure Jouhanneau le remercia et lui demanda son prix pour cette intervention nocturne. Il refusa d'être payé.

– N'est-il pas normal de se rendre service entre voisins ? dit-il.

Elle lui offrit un verre de malvoisie. Nous trinquâmes amicalement tous les trois, devant le lit où Martial Biseautin reposait, les paupières closes, dans une immobilité de cadavre. J'avais l'impression tout à coup de participer à une cérémonie diabolique.

Lorsque Joseph Proutier nous eut quittés, je crus que Laure Jouhanneau allait s'asseoir au chevet de son père pour le veiller, mais elle me prit par la main, me dit à voix basse : « Venez ! » et m'entraîna dans ma chambre. Son visage, éclairé d'en bas par la bougie, était celui d'une femme assoiffée. D'un geste prompt, elle fit tomber sa chemise. Ébloui devant cette chair victorieuse, je demeurai un instant pantois. Puis, doutant encore de ma chance, j'enlaçai le corps nu qui s'offrait à moi et le couvris de baisers. Tandis que mes lèvres glissaient sur sa peau, mes narines s'emplissaient d'un parfum tiède et intime de blonde. Laure Jouhanneau modérait ma hâte, orientait mes caresses et soupirait de bonheur en me conduisant, à pas chancelants, vers le lit. Nous nous y écroulâmes, ivres l'un de l'autre. Le plaisir nous foudroya en même temps. Après le spasme final, elle resta blottie dans mes bras, molle, chaude, reconnaissante, odorante, soumise. Je n'avais jamais connu une telle sensation de triomphe. Le monde entier était à mes pieds parce que cette créature, que je croyais inaccessible, venait de se donner à moi. Avait-elle oublié son père malade dans la chambre voisine ou était-ce le tragique de la situation qui l'avait excitée jusqu'à lui faire perdre la tête ? S'agissait-il d'un caprice de volupté ou de la promesse d'une liaison durable, peut-être même d'un grand amour ? Au comble de la félicité, je me fis le serment silencieux de ne jamais me séparer d'elle. Et je la serrai très fort contre moi, comme pour l'imprimer sur toute l'étendue de mon corps, avec ses rondeurs élastiques et ses sillons moelleux. Son haleine légère m'effleurait la joue. Ses pieds nus jouaient avec les miens. Soudain elle s'écarta de moi et me dit avec un petit rire de gorge :

– Il y a longtemps que j'avais envie de toi. Et tu ne t'en étais pas aperçu, imbécile !

II

Malgré l'intervention d'un médecin du quartier, qui pratiqua de nouvelles saignées et prescrivit de savants remèdes, Martial Biseautin ne put retrouver l'usage de son bras droit ni de sa jambe droite. Le visage démoli, la bouche tordue, la langue pesante, il n'était plus qu'une moitié d'homme. Assis du matin au soir, l'air hébété, dans son fauteuil de damas vert olive, il ne s'animait un peu qu'à l'heure des repas. Laure le nourrissait à la cuillère, comme un bébé. La bouillie coulait sur son menton hérissé de poils blancs. Il roulait un œil furibond lorsqu'elle le morigénait en se moquant de sa maladresse. Bien qu'une femme de charge fût employée à la maison pour les plus grosses tâches, c'était Laure qui conduisait le malade à la chaise percée. Elle restait à ses côtés pendant qu'il satisfaisait ses besoins naturels, le torchait et le ramenait, titubant, soit au fauteuil, soit au lit. Ces basses besognes ne lui répugnaient pas, l'amusaient même peut-être. N'ayant pas eu d'enfant, elle reportait sur ce vieillard gâteux son instinct maternel inassouvi.

Elle était venue habiter rue Garancière, disait-elle, pour surveiller et soigner son père, en réalité pour partager ma vie. Nous couchions tous deux dans ma chambre. Quand l'envie nous prenait de goûter à l'amour, nous abandonnions Martial Biseautin à son misérable état et allions nous ébattre à côté, dans notre lit. L'impudence de notre passion le rendait fou furieux. Rassemblant ses forces, il saisissait sa canne de la main gauche et tapait sur la cloison. Ces coups répétés m'arrêtaient net dans mon élan. Mais les doigts experts de Laure avaient vite raison de ma défaillance. Sous leur caresse, j'oubliais l'importun de la pièce voisine et redoublais d'ardeur. Laure riait contre ma bouche et m'invitait à prolonger le jeu en ralentissant le mouvement de mon corps sur le sien. J'étais entièrement dominé par elle, alors que je croyais être le maître de son plaisir. Obnubilé, annihilé, je n'existais plus que pour ces minutes de fusion intense, dans la chaleur des chairs et l'ivresse des frôlements.

Une fois rassasiés, nous retournions auprès du vieillard. Il nous scrutait avec une haine impuissante. La seule chose qui vivait dans sa face de parchemin, c'étaient ses yeux bigles et étincelants. S'il avait pu nous tuer du regard, il l'aurait fait avec délices. Il haletait, les mains crispées sur les accoudoirs de son fauteuil, le cou tendu vers cette fille dévergondée qui osait le délaisser pour forniquer avec son locataire.

Remuant les mâchoires, il essayait de crier des injures. Mais seul un gargouillis s'échappait de ses lèvres inertes. Parfois pourtant, il articulait un mot : « putain ». Laure s'esclaffait et lui tapotait la joue. J'étais gêné de la désinvolture qu'elle affichait à son égard. Je l'eusse voulue plus compréhensive, plus tendre, malgré le mépris dont il nous accablait du fond de son infirmité. Tout en le choyant, elle le narguait. Elle semblait même éprouver une satisfaction cruelle à le scandaliser par l'étalage de sa sensualité. Comme si elle avait eu besoin de ce témoin aux indignations grotesques pour être pleinement heureuse avec moi.

Les journées passaient vite entre les soins au malade, les exercices amoureux et les heures de languide rêverie qui succédaient à nos étreintes. De temps à autre, je me rendais à l'ambassade et y rédigeais quelque rapport de médiocre importance, destiné à la chancellerie de l'impératrice et que Sa Majesté ne lirait sans doute jamais. Il m'arrivait de voir Simoline entre deux portes. Je le trouvais de plus en plus renfermé et soucieux. Un jeune secrétaire avec qui je m'étais lié de sympathie, Georges Strakhoff, me confia que notre ambassadeur s'était fortement rapproché, ces derniers mois, du roi et de la reine et qu'il les suppliait de reprendre Necker. En attendant, Paris bouillonnait de colère ; Louis XVI tenait un lit de justice et exigeait l'enregistrement par le Parlement de plusieurs édits sur des emprunts et des taxes dont personne, en France, ne voulait ; des caricatures se répandaient dans les

rues, montrant le couple royal en train de s'em-
piffrer alors que le peuple mourait de faim…

La plèbe s'échauffa ainsi jusqu'au moment où,
à regret, Louis XVI renvoya Loménie de Brienne
et rappela Necker. Je crus à une accalmie
durable dans la vie politique française et m'en
réjouis. Pour achever de gagner la confiance de
ses sujets, le roi décida de convoquer, au printemps de 1789, les États généraux. La réunion
de ces députés bavards, jaillis des quatre coins
de la France, me paraissait d'autant plus
absurde qu'à côté du clergé et de la noblesse
figuraient de très nombreux représentants du
tiers état, ennemis jurés de la monarchie.
Jamais, pensais-je, Catherine II n'aurait commis
une telle erreur. Elle ne partageait son pouvoir
avec personne. Tiraillé entre sa femme et ses
conseillers, Louis XVI oubliait son essence
divine pour devenir, à l'occasion, un homme
pareil aux autres. Or, comment gouverner en
prêtant l'oreille aux rumeurs venues d'en bas ?
Au vrai, les Français me décevaient et je me sentais de moins en moins intéressé par les manifestations chroniques de leur mécontentement.

D'ailleurs, tout ce qui se passait hors des murs
de notre appartement me semblait dénué de
sens et même, oserais-je dire, de réalité. Les événements extérieurs glissaient sur moi sans
m'atteindre. Laure ne se contentait pas de mas-
quer l'univers à mes yeux, elle le personnifiait,
elle le remplaçait. Comme si elle eût été, à elle
seule, toute la France. Oui, un mot d'elle, un
sourire, un soupir, un regard étaient pour moi

plus importants que les décisions du roi ou les mouvements de la rue. Nous ne parlions jamais de politique entre nous. Aux débats d'idées, nous préférions les jeux du corps, de nos corps si merveilleusement appareillés et dont nous ne nous lassions pas de découvrir les ressources amoureuses. Pourtant, il arrivait à Laure de m'interroger sur la Russie. Je lui répondais à contrecœur. Dans ses bras, je n'avais ni passé ni patrie. Je voulais tout ignorer pour jouir de l'instant. Mais elle insistait. Alors je lui disais quelques mots sur mon travail d'autrefois auprès de l'impératrice, sur la vie à Saint-Pétersbourg, sur les promenades en traîneau dans la neige... Elle s'amusait à mes récits comme à des contes de fées. Envoûté par elle, je ne m'inquiétais plus de son caractère. Était-elle douce ou cruelle, intrigante ou spontanée, tolérante ou despotique, avare ou généreuse? Ces questions ne signifiaient rien pour moi. Elle *était*, et cette seule certitude suffisait à me combler de joie. Je me rappelle pourtant qu'une nuit, après l'amour, elle m'avait confié dans un souffle :

– Tu sais, j'aime l'argent !

– Pourquoi ?

– Il me semble que, si je n'en avais plus, je deviendrais laide.

– Tu ne peux pas devenir laide, tu ne peux pas changer, tu ne peux pas vieillir !... Tu es... tu es éternelle !

Elle garda longtemps le silence. J'enfouis mon visage dans son cou. Une veine chaude et douce battait sous mes lèvres. Son sang répondait au mien. J'allais exploser de bonheur quand une voix sourde s'éleva dans la pénombre :

– Constantin, n'oublie jamais ce que tu viens de me dire. Sans le savoir, tu as fixé ton destin pour toujours…

Notre entente était si parfaite que Laure acceptait difficilement mes sorties. Chaque fois que je la quittais pour flâner dans la ville, elle soupirait :

– Est-ce vraiment nécessaire ?

Bien entendu, j'avais espacé mes visites à *L'Ami des cœurs solitaires*. Un jour cependant, comme je m'étais rendu à l'échoppe de la rue des Canettes, Joseph Proutier me dit gravement :

– Mon cher Constantin, je crains que vous ne soyez en train de couler à pic.

– Qu'entendez-vous par là ?

– Méfiez-vous de cette femme ! Elle a sur vous trop d'empire. Déjà, vous avez changé. Vous n'êtes plus que l'ombre de vous-même. Laissez-moi vous trouver un autre logement, loin d'ici…

Révolté par tant d'incompréhension, je m'écriai :

– Pour rien au monde ! J'aime Laure ! Je ne puis me passer d'elle !

– C'est précisément ce qui me fait peur.

– Vous ne la connaissez pas !

– Oh ! si, et depuis longtemps ! Elle a grugé son vieux mari, qui est mort de chagrin ; elle a eu de nombreux amants : tous ont été plus ou moins dupés et ruinés par elle ; l'un d'eux s'est suicidé, il y a trois ans…

– Voilà qui m'est bien égal ! Je me moque du passé de Laure. Aujourd'hui, elle est différente, elle est neuve, elle n'a pas de secrets pour moi, elle m'appartient corps et âme. Si vous persistez dans vos ignobles calomnies, je ne vous reverrai plus !

Joseph Proutier eut un sourire désabusé et murmura :

– Bon, bon, parlons d'autre chose. Avez-vous lu les gazettes, ces derniers jours ?

– Non.

– Êtes-vous retourné à l'ambassade ?

– Non.

– Savez-vous que les députés du tiers état, bravant le roi, se sont proclamés « Assemblée nationale » et, réunis dans la salle du Jeu de paume, ont décidé de ne se séparer qu'après avoir donné une constitution à la France ?

– Non.

– Mais où vivez-vous donc ?

– Il y a autre chose dans l'existence que la politique !

– Constantin, reprenez-vous… Je vous parle comme un père…

– Et je vous réponds comme un fils majeur qui entend choisir librement son destin. N'importe qui envierait ma chance. Vous, vous vous acharnez à la détruire. Dans ces conditions, il vaut mieux que nous brisions là !

Je me dirigeai vers la porte. Joseph Proutier me rattrapa. Son visage exprimait un chagrin pitoyable. Il me tendit la main. Pouvais-je la refuser ? Toute mon enfance me remonta brusquement à la tête. J'avais honte de m'être emporté contre un homme qui ne me voulait que du bien. La gorge serrée, je balbutiai :

– À bientôt.

Il me remercia d'un sourire. Une cliente entra. Je laissai Joseph Proutier derrière sa table, la plume à la main et les yeux embués de larmes.

J'avais hâte de retrouver Laure après cette diatribe inepte contre notre amour. Quand je revins à la maison, elle était assise au chevet de son père et lui lisait je ne sais quel almanach. Il ne l'écoutait même pas, enfoncé dans ses oreillers, la tête inclinée sur l'épaule, la bouche distendue et humide. En me voyant, elle se leva de sa chaise et, m'ayant toisé, m'interrogea d'un ton désinvolte :

– Alors, tu as vu Joseph Proutier ?

– Oui.

– De quoi avez-vous parlé ?

– De tout et de rien… Les événements le préoccupent…

Je mentais mal. Le silence tomba entre nous. Laure me considérait avec une attention vigilante. Son regard me perçait à jour. Comme jadis celui de Catherine II. Je me dis que seules une impératrice ou une sorcière pouvaient entrer ainsi dans mon cerveau et se promener de long en large parmi mes pensées les plus secrètes. Soudain elle demanda, du bout des lèvres :

– Est-il au courant, pour nous deux ?

Je ne pouvais nier l'évidence.

– Il s'en doute un peu, bredouillai-je.

– Qu'en dit-il ?

– Il… il est très content pour moi…

– En es-tu bien sûr ?

– Oui, oui…

Je m'engluais dans une tromperie dont elle n'était pas dupe. Certaines phrases de Joseph Proutier me revenaient en mémoire. Je faillis le croire après coup. Déjà Laure me souriait avec une coquetterie désarmante.

– J'aime bien Joseph Proutier, dit-elle. Il a des idées un peu surannées, mais c'est un excellent homme. Son principal défaut, c'est, me semble-t-il, une fâcheuse propension à se mêler des affaires des autres. Comme il n'a rien ni personne dans sa vie, il se console en intervenant dans celle de ses voisins, au risque de tout gâcher. Quand on est prévenu de ce petit travers, on sait faire la part des choses, n'est-ce pas, Constantin ?

– En effet, marmonnai-je, comme pris en faute.

Et je me sentis si démuni, si vulnérable face à cette femme bardée d'assurance que j'eus envie de lui demander pardon. De quoi ? D'avoir un ami qui ne l'aimait pas ? De m'être attardé chez lui alors que, dès les premiers mots, j'aurais dû le fuir ? D'avoir osé mettre en doute, pendant une fraction de seconde, la sincérité de l'amour que me portait ma maîtresse ? Je compris que seuls ses baisers pourraient me rendre la paix intérieure. Je voulus l'enlacer, l'entraîner dans notre chambre. Elle se déroba avec une souplesse de couleuvre.

– Non, dit-elle, pas maintenant.

– Pourquoi ?

– J'ai mes raisons.

– Plus tard, alors ?

– Nous verrons bien…

Son père nous dévorait des yeux, muet, figé, indéracinable. Je le devinais habité par un ricanement hideux devant mon désarroi. Laure se rassit à son chevet et se remit à lui lire une page de l'almanach. Il l'écoutait ; il avait retrouvé sa fille ; il triomphait d'un rival exécré. Alors je me retirai dans notre chambre pour écrire quelques lettres. Il y avait trop longtemps que j'avais laissé ma mère sans nouvelles. Mais je ne pus tracer une ligne. Ma tête était vide, sonore, ma peau ardait d'impatience. J'aurais voulu être couché à la place de Martial Biseautin et que Laure me fît la lecture. Même à demi paralysé, j'aurais été, pensais-je, moins à plaindre qu'à présent.

Pendant plus de deux semaines, elle se refusa à moi sans la moindre explication. La nuit, elle m'acceptait dans notre lit, à condition, disait-elle, que je fusse raisonnable. Trop heureux de cette tolérance, je vivais, entre les draps, le supplice d'une tentation qui me donnait la fièvre. Immobile, tendu, je baignais dans cette tiédeur de femme, je respirais son odeur musquée, mais, dès que je faisais mine de me rapprocher d'elle, d'un geste brusque elle me repoussait dans mon coin. Le jour, j'essayais en vain de capter son regard, je me déplaçais dans son ombre tel un mendiant, je l'aidais dans les travaux ménagers sans qu'elle me remerciât d'un mot. Plus elle me battait froid, plus je la désirais.

J'étais son valet, son chien de compagnie. Plusieurs fois, elle m'ordonna de nourrir son père, de le laver, de l'habiller pour elle. Tandis que je m'acquittais de ces sordides besognes, je lisais, dans les yeux du vieillard, une lueur de revanche imbécile et, dans ses yeux à elle, la gaieté farceuse et vicieuse d'une femme qui se divertit de la déchéance où sombre son amant.

Les chaleurs de juillet s'étaient abattues sur la ville. Une haleine de poussière et d'orage pénétrait par les fenêtres ouvertes. Laure ne portait plus que des corsages de voile transparent et son parfum, quand elle passait devant moi, me paraissait plus personnel, plus pénétrant qu'à la saison froide. Accablé, moi aussi, par la touffeur, je transpirais, je m'excitais dans le vide, je luttais contre l'envie de mordre à pleines mâchoires dans un fruit de chair fraîche. Enfin Laure jugea que ma pénitence avait assez duré. N'avais-je pas subi l'épreuve avec une docilité louable ? Rentré en grâce, j'avais droit à la récompense.

Un matin, après avoir donné les soins habituels à son père, elle me fit signe de la suivre. Nous nous retrouvâmes dans la chambre. Comme la première fois, elle se déshabilla brusquement. Et, comme la première fois, je fus émerveillé par la plénitude et la grâce de ce corps qui se dénudait devant moi avec une tranquille indécence. Seule une femme sûre de sa beauté pouvait dédaigner à ce point les artifices de la comédie amoureuse. Je croyais la connaître, et je la découvrais soudain renouvelée, enrichie par l'abstinence qu'elle m'avait imposée. En dépit des souvenirs qui dansaient dans ma tête, j'avais l'impression que j'allais posséder une inconnue.

Nos ébats furent savants et fougueux, coupés de pauses attendries. Je compris qu'elle avait souffert comme moi de cette longue période de chasteté. En me punissant, elle s'était punie elle-même. Mais c'était pour nous préparer à de superbes retrouvailles. Après l'avoir accusée de froideur, je me félicitais de cette subtile stratégie. Nous restâmes couchés tout l'après-midi, malgré les coups de canne de son père contre le mur. Collés l'un à l'autre, nous avions oublié le reste de la planète. L'odeur de nos corps, unis et moites, nous grisait. De la rue montait une rumeur de fête : des chants, des cris, des claquements de pétards. Nous n'avions même pas la curiosité de nous pencher à la fenêtre. Notre lit était un esquif qui nous emportait loin des hommes, loin du siècle.

Néanmoins, vers sept heures du soir, recrus, étourdis, heureux, nous sortîmes pour respirer l'air du dehors. Une foule tumultueuse se pressait sur le parvis de l'église Saint-Sulpice. Des gens riaient, s'interpellaient sans se connaître, brandissaient leurs chapeaux et leurs cannes en signe de joie. Je demandai à un passant la raison de cette effervescence.

– Comment, vous ne savez pas ? s'étonna-t-il. Le peuple de Paris vient de prendre la Bastille !

Cette nouvelle, bien que surprenante, ne me parut pas mériter un tel remue-ménage. À Laure non plus. Elle craignait de laisser son père seul trop longtemps. Après un tour rapide dans le quartier, nous regagnâmes la maison pour préparer le repas du malade. Il avala sa bouillie de bon appétit. Nous mangeâmes sur une petite table, à côté du lit où il gisait, pantin dérisoire, à l'œil vide et à la respiration sifflante. Puis nous nous réfugiâmes dans notre chambre.

Pendant que nous nous aimions, les bruits de la ville redoublèrent de violence. Il y eut même quelques coups de feu. Des cloches sonnaient. Je fermai la fenêtre pour nous isoler d'un monde dont les stupides convulsions ne nous concernaient pas.

III

La prise de la Bastille me fit l'effet d'un barrage qui saute sous la poussée d'un flot tumultueux. En forçant la porte de la vieille citadelle, le peuple n'avait pas libéré une demi-douzaine de prisonniers ahuris, mais la France entière. Du jour au lendemain, tout ce qui était interdit devenait possible. Louis XVI acceptait de se rendre à l'Hôtel de Ville et arborait, en public, une cocarde tricolore à son chapeau ; l'Assemblée nationale, saisie d'un enthousiasme égalitaire, votait l'abolition des droits féodaux et, à l'exemple des Américains, élaborait une généreuse « Déclaration des droits de l'homme » ; la foule, exaspérée par la hausse des prix, assiégeait les boulangeries ; une horde de femmes vociférantes, ayant pillé un magasin d'armes, marchait sur Versailles, envahissait le château, exigeait que le roi et la reine vinssent habiter définitivement la capitale, où l'on pourrait mieux les surveiller ; Leurs Majestés se résignaient, sous la menace, à suivre les mégères et à s'installer, au milieu du grand désordre parisien, dans le palais des Tuileries. Ces manifestations spontanées s'accompagnaient de nombreux discours et de quelques têtes coupées, que les révolutionnaires promenaient au bout de leurs piques. Nul doute que j'eusse été ébranlé par le cours des événements si je n'avais éprouvé une passion aveugle pour ma maîtresse. Mais je refusais de craindre le malheur pour les autres, alors que j'étais, moi, parfaitement heureux.

Cependant, il me semblait qu'au fil des jours Laure s'intéressait davantage à la politique. Il lui arrivait de lire les gazettes et d'en discuter avec moi les informations. Cette envie de participer à l'agitation de ses compatriotes la prenait dans les circonstances les plus imprévues : au lit, tout de suite après les assauts de l'amour ; lors d'une conversation tendre sur l'oreiller ; à table, tandis que nous dégustions, les yeux dans les yeux, quelque plat de sa façon... Comme la plupart des Parisiens, elle estimait que la révolution était finie, que Louis XVI avait compris les aspirations de ses meilleurs sujets et qu'une ère nouvelle, toute de justice et de fraternité, allait s'ouvrir pour la France.

Je feignais de la croire, mais je ne pouvais oublier que Simoline et son entourage étaient d'un avis diamétralement opposé. Chaque fois que je me rendais à l'ambassade de Russie, j'entendais des commentaires qui me glaçaient le sang. D'après Simoline, le roi, en cédant aux pressions de la plèbe, avait failli à son devoir dynastique et cette première capitulation, loin de calmer les appétits de ses adversaires, les inciterait à demander toujours plus. La monarchie, disait le diplomate, ne saurait survivre dans une atmosphère de compromis. Elle n'était pas faite pour les demi-mesures. En essayant de comprendre, de partager, de pardonner, elle se renierait et se perdrait, corps et âme, dans la masse. Certes, Mirabeau était un brillant tribun et La Fayette un général d'une loyauté exemplaire, mais l'un et l'autre seraient balayés par la bande d'avortons envieux qui siégeaient à l'Assemblée.

Ces propos sonnaient encore à mes oreilles lorsque je rentrais à la maison. Je les rapportais à Laure et elle s'écriait :

– Ton Simoline ne comprend rien à la France ni aux Français ! Il voit tout en fidèle sujet de Catherine II. Chez vous, sans doute ne peut-il y avoir qu'un gouvernement despotique ; chez nous, il en va autrement : nos philosophes ont préparé les esprits à la nécessité d'un sage équilibre entre ceux qui dirigent et ceux qui obéissent ; ils ont démontré que l'ordre et la liberté ne sont pas incompatibles ; ils ont affirmé que chacun, du plus humble au plus grand, a droit au bonheur sur terre…

J'avais l'impression, en l'écoutant, qu'elle récitait quelque passage d'un journal lu la veille. Mais elle était si belle dans sa conviction que j'en étais remué jusqu'au ventre. Je voulais lui donner raison contre Simoline et, je dirais presque, contre moi-même. Je me sentais plus français que russe. Je venais, moi aussi, de prendre la

Bastille et d'applaudir le roi parce qu'il avait épinglé une cocarde bleu, blanc, rouge à son chapeau. Bien sûr, j'étais curieux de connaître l'opinion de Joseph Proutier sur le sujet. Mais nos relations s'étaient brusquement interrompues. Je ne l'avais pas revu depuis sa violente sortie contre Laure, quelques mois auparavant. Et il n'avait pas cherché à renouer avec moi. Tout en pensant beaucoup à lui, je me répétais que je n'avais nul besoin de ses avis. Laure me tenait lieu d'ami, de confident, de guide… D'ailleurs, elle fréquentait peu de monde et ne me présentait à personne. Craignait-elle de ma part un engouement pour une autre femme ou une camaraderie masculine hors de son contrôle ? Elle me gardait sous cloche comme une nourriture destinée à sa seule consommation. Et je l'aimais tant que je ne me plaignais pas de ce tête-à-tête permanent, exclusif et farouche. Ce qui m'amusait le plus, c'était que, malgré la délicate volupté de nos rapports, elle n'oubliait jamais de me réclamer le montant du loyer à la fin du mois.

Près d'une année s'écoula ainsi, dans une harmonie sentimentale parfaite et une relative paix sociale. Les Français n'agissaient plus, ils parlaient. Ils parlaient sans discontinuer, à l'Assemblée, dans les clubs, au Palais-Royal, dans les cafés, dans la rue… Je me disais que, si la Russie était le pays du silence, la France était le pays de l'incontinence verbale. À l'afflux des discours répondait l'afflux des assignats. Les biens du clergé passaient à la nation et les prêtres devenaient des espèces de fonctionnaires civils. Tout cela ne troublait guère la conscience de Laure qui, d'une part, n'avait aucune religion et, d'autre part, faisait confiance aux nouveaux billets, puisqu'ils étaient gagés sur l'immense patrimoine ecclésiastique dont la sécularisation venait d'être décidée. Cependant, elle préférait toujours être payée par son locataire en pièces sonnantes et trébuchantes.

Un soir du début de juillet 1790, alors que je l'aidais à coucher son père qui se plaignait de maux de tête, le grelot de la porte d'entrée retentit faiblement. J'allai ouvrir et me trouvai devant Joseph Proutier. L'étonnement m'ôta la parole.

– Il y a trop longtemps que je suis privé de vos visites, mon cher Constantin, me dit-il. Alors je me suis décidé à faire le premier pas. Voulez-vous me permettre d'entrer ?

– Bien sûr ! balbutiai-je.

Et je pensai avec inquiétude à la réaction de Laure face à l'importun qui osait braver son ressentiment. Mais, dès que j'eus introduit Joseph Proutier dans le salon, mes craintes s'évanouirent. Laure l'accueillit avec un empressement qui me déconcerta. Elle semblait ignorer la fâcheuse opinion qu'il avait de notre liaison. Affable, gracieuse, enjouée, elle lui fit comprendre, en peu de mots, que l'amour nous avait rendus égoïstes, que, depuis un certain temps, nous nous isolions du monde pour mieux profiter l'un de l'autre et qu'il avait eu raison de nous relancer, car, tout en ne le voyant pas, nous parlions souvent de lui en termes chaleureux.

L'aisance de cette femme dans le mensonge m'émerveillait comme l'eût fait un exercice de funambule au-dessus du vide. Mais peut-être était-elle sincère ? Peut-être estimait-elle aujourd'hui que Joseph Proutier avait sur moi une influence bénéfique ? Avec elle, je ne savais démêler le vrai du faux. La musique de sa voix eût suffi à me convaincre de n'importe quoi. Joseph Proutier lui-même paraissait sous le charme. Il s'enquit de la santé de « son » malade, alla le voir dans son lit, le félicita de sa bonne mine et accepta une tasse de chocolat que lui offrait Laure. C'était, disait-il, un breuvage précieux en cette époque de pénurie !

Assis dans le salon, nous parlâmes tout naturellement de ce qui s'était passé à Paris depuis notre dernière rencontre. À ma grande surprise, Joseph Proutier approuvait, sur bien des points, l'optimisme de Laure. Comme elle, il demeurait persuadé que la monarchie s'était sauvée en consentant à partager le pouvoir avec la nation. Les noms de Mirabeau, de La Fayette, de Talleyrand revenaient dans leur conversation comme autant de garanties d'un avenir lumineux. En revanche, ils se méfiaient de Marie-Antoinette, qui sans doute empêchait le roi de témoigner plus de sollicitude encore à l'égard de ses sujets. Une grande cérémonie devait se dérouler, ce 14 juillet 1790, sur le Champ-de-Mars, devant l'École militaire, pour commémorer la prise de la Bastille. Leurs Majestés avaient promis d'y assister. Selon Joseph Proutier, cette solennité marquerait la réconciliation définitive du souverain avec son peuple. Il nous engageait à nous rendre avec lui à la fête de la Fédération.

– D'après ce que j'ai entendu dire, le spectacle sera grandiose, affirma-t-il. Des milliers de fédérés viendront de toutes les provinces de France. Il y aura une messe en plein air…

Laure applaudit à l'idée de cette large communion nationale. Bien que détestant les attroupements, je me déclarai tout disposé à me rendre moi aussi au Champ-de-Mars, le 14 juillet prochain.

Au jour dit, Laure s'habilla avec recherche, comme si c'eût été elle que la France allait honorer. Sur sa robe d'indienne à fleurs, elle avait noué une ceinture rouge aux franges tricolores. Une aigrette de plumes, également rouges, ornait son bonnet de gaze noire en forme de demi-casque. Elle portait au doigt une alliance civique en or, comme on en vendait dans toutes les boutiques d'orfèvrerie, avec cette devise sur fond d'émail blanc : *La Nation, la Loi, le Roi.* Je souris en songeant que, dans cet étrange pays, tout bouleversement politique se traduisait par une floraison de colifichets. À la demande de Laure, je consentis à fixer une cocarde sur mon chapeau.

Joseph Proutier vint nous chercher de bon matin. Nous partîmes après avoir confié le malade aux soins de la femme de charge. Jamais je n'avais vu autant de monde dans les rues. Les passants arboraient tous sur leurs habits des rubans bleu, blanc, rouge. Quelques gardes nationaux se hâtaient, eux aussi, vers le lieu de rassemblement. Des sonneries de trompettes et des roulements de tambours donnaient à chacun le sentiment d'appartenir à une armée victorieuse. Nous ne marchions pas, nous étions portés par le flot.

En débouchant sur le Champ-de-Mars, nous fûmes englués dans une masse humaine aux mille visages. La plupart des gens avaient apporté des paniers de provisions. En attendant l'arrivée du cortège officiel, ils buvaient et mangeaient sur place. C'était une énorme partie champêtre, hilare, désordonnée et patriotique. Les représentants des différentes corporations brandissaient des drapeaux aux inscriptions vengeresses : « Vivre libre ou mourir ! » « Tremblez, aristocrates ! » Des excités chantaient le *Ça ira !* Les plus jeunes organisaient des farandoles et riaient en piétinant l'herbe rare et boueuse. Dans les conversations que j'entendais, au milieu du hourvari général, les termes de « monsieur », « madame » étaient ostensiblement remplacés par ceux de « citoyen », « citoyenne ». Ce nouvel usage, auquel les Français se conformaient par crainte de passer pour des tenants de l'ancien régime, me paraissait éminemment ridicule. Laure, elle, s'y pliait avec joie. Elle était si fière d'être une femme de son temps !

Jouant des coudes, nous essayâmes de progresser vers les premiers rangs. Mais bientôt une muraille de dos hostiles nous arrêta. Dans l'impossibilité d'aller plus avant, nous nous résignâmes à observer la tribune de loin. Enfin Louis XVI, livide et bedonnant, entouré de la famille royale, prit place sur un trône violet. Les fédérés, avec leurs bannières, formèrent une haie d'honneur. Des vivats retentirent parmi les spectateurs pour saluer La Fayette, qui caracolait, élégant et svelte, sur son cheval blanc. Une légère averse nous surprit pendant que l'orchestre jouait une musique lente et grave, tout à fait de circonstance. Laure avait eu soin d'emporter un parapluie. Nous nous serrâmes contre elle. Puis le soleil reparut et la foule poussa un « ah ! » de satisfaction.

Des prêtres s'étaient réunis autour d'un autel improvisé. Ce fut l'évêque d'Autun, Talleyrand, coiffé d'une mitre, qui officia, bénissant le roi, la reine, les enfants royaux, le peuple de France. De temps à autre, une ondée nous tombait dessus, dispersant la cohue. L'instant d'après, le ciel se dégageait et les fuyards revenaient en riant. La messe qui suivit me parut bien banale en comparaison de nos somptueuses cérémonies orthodoxes et le maigre chant du chœur me déçut. Dans le silence rétabli, La Fayette, l'épée nue, gravit à son tour les marches de l'autel et, d'une voix forte, jura de rester fidèle à la Nation, au Roi et à la Loi. Des coups de canon saluèrent ces nobles paroles et les députés tour à tour crièrent : « Je le jure ! » Devant eux, la multitude électrisée répétait : « Je le jure ! Je le jure ! » Laure et Joseph Proutier se joignirent à ce concert discordant. Comme je me taisais, il me sembla que mes voisins me regardaient de travers. Pouvais-je leur expliquer que j'étais russe et que, par conséquent, cette affaire ne me concernait pas ? Pour ne pas me singulariser, je hurlai moi aussi : « Je le jure ! »

L'enthousiasme fut à son comble lorsque Louis XVI, le chapeau à la main, les yeux au ciel, prêta le serment de maintenir la Constitution récemment votée et de faire appliquer les lois. Une immense clameur le remercia de cette soumission à la volonté populaire. Éloigné de la tribune, je distinguais mal les traits du roi et de la reine. Ils me parurent tristes et fatigués. Tout à coup, Marie-Antoinette, prise d'une heureuse inspiration, éleva à deux mains le petit dauphin pour le présenter à l'assistance. Les acclamations redoublèrent :

– Vive la reine ! Vive le dauphin ! Vive le roi !

En cette minute précise, je me dis que Simoline avait tort, que le peuple aimait encore ses souverains et que la France sortirait unifiée, fortifiée d'une épreuve terrible, certes, mais sans doute nécessaire. Autour de moi, des quidams, les larmes aux yeux, s'embrassaient. Gagné par leur exaltation, je serrai Laure contre ma poitrine, couvris ses joues de baisers et donnai l'accolade à Joseph Proutier.

Maintenant la foule, gorgée d'émotions civiques, s'éparpillait lentement. On disait, parmi les spectateurs les mieux renseignés, qu'un bal se déroulait, en ce moment même, place de la Bastille. Nous nous y rendîmes par curiosité, ce qui nous obligea à traverser la moitié de Paris. Parvenus sur les lieux, nous retrouvâmes l'odeur de victuailles et la bousculade. Les décombres de l'ancienne forteresse avaient été enlevés par l'entrepreneur patriote qui s'était chargé de la démolition. Çà et là, on avait planté des mâts, sommés d'oriflammes et de bonnets phrygiens. Un orchestre, installé en plein air, faisait danser les couples à l'endroit où jadis se dressaient, terrifiants, les murs de la prison. Laure me proposa de nous joindre à la mêlée. Resté à l'écart, Joseph Proutier se complaisait à nous voir participer au branle-bas général. Avait-il enfin compris qu'il s'était lourdement trompé en me prévenant contre ma maîtresse ?

Nous regagnâmes la maison à la tombée du soir. La femme de charge était déjà partie. Martial Biseautin s'étranglait dans une colère silencieuse, parce qu'il n'avait pas encore eu sa bouillie. Laure garda Joseph Proutier à souper. La nuit venue, nous nous postâmes à la fenêtre pour admirer le feu d'artifice. La fête était à la fois dans le ciel et dans nos cœurs. Je tenais Laure par la taille. Nos joues se frôlaient. Joseph Proutier murmurait :

– Que c'est beau ! Que·c'est bien !

Et je ne savais s'il parlait de notre couple ou des étoiles multicolores qui éclataient au-dessus de nos têtes. Quand notre ami nous eut quittés, Laure me dit, avec un sourire énigmatique :

– Tu pourras le revoir, désormais. Il n'est plus dangereux.

IV

Malgré l'encouragement de Laure, je ne voyais plus Joseph Proutier que de loin en loin, et cela, je l'avoue, sans grand plaisir. Il me semblait à présent que notre différence d'âge nous interdisait de nous comprendre. En revanche, je fréquentais assidûment l'ambassade, afin d'y pêcher des renseignements à la bonne source. Simoline avait reçu dernièrement des instructions de l'impératrice lui enjoignant de surveiller de près les rares Russes résidant en France et d'inviter les plus jeunes d'entre eux à rentrer dans leur pays pour échapper à la contagion des idées républicaines. Bien entendu, cet ordre ne me concernait pas. Mais, après avoir bavardé à cœur ouvert avec mon ami le secrétaire Georges Strakhoff, j'eus l'impression que ma situation à Paris n'était plus aussi solide qu'auparavant. Selon lui, notre ambassade était considérée par les députés les plus enragés de l'Assemblée constituante comme un repaire d'espions, dont l'unique souci était de pousser le roi et la reine à la fermeté. Il m'annonça également, sous le sceau du secret, que Simoline avait placé toute sa confiance en Mirabeau, seul capable de ramener les Français à la raison, et qu'il songeait aussi à acheter les services de Talleyrand. Bref, Son Excellence s'agitait beaucoup dans l'ombre et ces intrigues entrecroisées m'inquiétaient pour mon propre avenir. Peu à peu, je prenais conscience du fait que mon bonheur ne dépendait plus seulement des faveurs d'une femme, mais de l'obscur combat des intérêts politiques dans un pays qui n'était pas le mien.

Cependant, je ne laissais rien paraître, devant Laure, des craintes qui m'agitaient au retour de ces visites à l'hôtel de la rue de Gramont. En me permettant, chaque fois, de confronter le point de vue français et le point de vue russe, elles élargissaient mon horizon jusqu'à me donner le vertige.

Comme pour justifier mon désarroi, la vie de la cité, qui avait connu une période d'accalmie, se remit brusquement à galoper. Au début de l'automne, l'Assemblée vota l'obligation pour le clergé de prêter serment à la Constitution. Nombreux furent les prêtres qui refusèrent de se soumettre à la loi civile. Le pape condamna solennellement cette apostasie. Il y eut dans le pays des curés « réfractaires », qui devaient se cacher pour échapper aux poursuites, et des curés « jureurs », que leurs ouailles traitaient avec mépris. Le roi, qui la mort dans l'âme avait ratifié le décret de la honte, eut un sursaut de dignité et, en avril 1791, le dimanche des

Rameaux, s'abstint de communier parce que l'officiant de Saint-Germain-l'Auxerrois, où il avait écouté la messe, était un prêtre conventionnel. À peine connue, la nouvelle souleva l'indignation des Parisiens. Le lendemain, le roi ayant décidé de partir se reposer à Saint-Cloud, une foule menaçante entoura son carrosse et l'obligea à rebrousser chemin aux cris de : « Tu resteras ! Foutu aristocrate ! Gros cochon ! » Étaient-ce les mêmes individus qui avaient acclamé Leurs Majestés sur le Champ-de-Mars, l'année précédente ? J'étais consterné par la maladresse du roi et par la haine imbécile de la populace. Simoline n'exagérait pas en traitant ces gens-là de « tigres ». Il regrettait la mort de Mirabeau, survenue quelques jours auparavant. À son avis, cette disparition tombait on ne peut plus mal, car elle privait Louis XVI de son dernier défenseur devant la nation.

Deux mois plus tard, un coup de tonnerre bien plus violent secoua la ville. Un matin, nous apprîmes par les gazettes que le roi et sa famille s'étaient enfuis, dans la nuit, du palais des Tuileries, sans doute pour se réfugier à l'étranger, mais qu'ils avaient été reconnus et arrêtés par des patriotes dans une bourgade de l'Est nommée Varennes. On allait les ramener sous bonne escorte à Paris. Cet événement me stupéfia et je me ruai à l'ambassade. Je ne pus voir Simoline. Mais Georges Strakhoff me confirma les faits, ajoutant que notre ambassadeur avait été mis au courant du projet de Leurs Majestés et qu'il les avait peut-être même aidées à le réaliser. Cette complicité, si elle était révélée, risquait, me semblait-il, d'augmenter encore l'inimitié des Français à notre égard. Bien que mon interlocuteur m'eût assuré que toutes les précautions avaient été prises pour éviter les indiscrétions, je le quittai avec le sentiment de marcher, en aveugle, vers une catastrophe.

L'avenir me donna raison. Très vite, le bruit se répandit à Paris que Simoline avait procuré aux souverains français de faux passeports au nom d'une famille russe, celle de la baronne de Korff, censée se rendre à Francfort. Ce fut par miracle que notre ambassadeur échappa à la vindicte de la foule, qui s'était assemblée au Palais-Royal, puis aux Champs-Élysées. J'étais étonné de la légèreté avec laquelle Louis XVI s'était lancé dans l'aventure. Certes, il ne pouvait supporter plus longtemps d'être prisonnier du peuple dans son palais des Tuileries ; certes, il espérait, en fuyant Paris, réussir à organiser la lutte contre la gangrène révolutionnaire ; certes, les chefs d'État étrangers, Catherine II en tête, lui promettaient leur soutien s'il recouvrait la liberté de ses mouvements ; mais, incontestablement, l'évasion de la famille royale avait été préparée par des apprentis conspirateurs. Qu'allait-il se passer maintenant ? Quel traitement les Français réserveraient-ils à un monarque qui les avait trahis ? En prenant la poudre d'escampette, Louis XVI avait perdu le peu de prestige dont il jouissait encore auprès de ses sujets. Ils lui eussent pardonné n'importe quelle bévue, n'importe quel accès de colère, mais pas cette désertion, en pleine nuit, avec femme et enfants. Laure, elle aussi, était abasourdie, car, comme la plupart des Français, comme moi-même, elle avait fondé de grands espoirs sur un accord raisonnable entre le roi et la nation.

Un samedi du mois de juin 1791, nous étions sur les Champs-Élysées pour assister au retour à Paris de Louis XVI et de sa famille. Le cortège devait passer par la barrière de l'Étoile. Une foule houleuse bordait la chaussée. Il y avait même des curieux juchés dans les arbres. Et tout ce monde bourdonnait de fureur contenue. La Fayette avait fait placarder la veille, sur les murs de la capitale, une affiche ainsi conçue : « Celui qui applaudira le roi sera bâtonné, celui qui l'insultera, pendu. » Lorsque la voiture royale, énorme caisse sur roues, peinte en vert et en jaune, se montra au haut de la côte, je crus que, malgré la menace de sanctions, la multitude allait éclater en injures. Mais ce fut dans un silence de mépris que les Parisiens accueillirent les transfuges. Et ce silence me parut plus terrible encore que ne l'eussent été les vociférations d'un public surexcité. Chez les badauds, les hommes avaient le chapeau rivé sur la tête, les femmes offraient des visages de justicières. Quant aux soldats de la garde nationale qui faisaient la haie des deux côtés de l'avenue, ils tenaient leur fusil renversé, la crosse en l'air, comme pour un enterrement. Enfin la lourde berline, dont les chevaux marchaient au pas, arriva à ma hauteur. Dressé sur la pointe des pieds, je tentai d'apercevoir le roi à travers la vitre de la portière. Mais je ne vis qu'une ombre, un fantôme tassé sur lui-même : Louis XVI avait cessé d'exister. Sitôt que la file de voitures eut pénétré dans le jardin des Tuileries, on ferma le pont tournant qui en commandait l'accès. Le roi avait réintégré sa prison dorée. Par sa défection, il était devenu plus inutile et plus encombrant que jamais.

Les heures suivantes, la relative sagesse des Parisiens me surprit agréablement. Malgré une fusillade meurtrière au Champ-de-Mars, devant l'autel de la Patrie, et les tonitruantes déclarations à l'Assemblée de quelques députés aux opinions extrêmes, tels Danton, Marat, Desmoulins, une constitution honorable vit le jour. Elle laissait au roi un semblant de pouvoir, ce que je jugeai inespéré dans son cas. Ayant accepté le nouveau statut que lui proposaient les représentants de la nation, Louis XVI se rendit à l'Assemblée pour prêter serment. La reine et le dauphin assistaient à la cérémonie du haut de la tribune. Touchés par cet acte public de résipiscence, les députés acclamèrent le couple royal. Avaient-ils déjà oublié Varennes ? Je n'osais le croire. Pour célébrer l'adoption officielle de la Constitution, Louis XVI fit dresser des arcs de triomphe et illuminer les Champs-Élysées. Tous les arbres portaient des lampions. La foule, ravie, applaudit le roi et la reine quand leur carrosse s'engagea dans l'avenue. Tant de versatilité chez le peuple français m'inquiétait. Comment faire confiance à cette masse flottante, indécise, capable des pires violences et des plus étranges engouements ?

À quelque temps de là, l'Assemblée constituante annonça que sa mission était terminée et qu'elle cédait la place à l'Assemblée législative. Celle-ci me parut, dès l'abord, moins bien disposée envers le souverain. Elle vota notamment deux décrets scandaleux : l'un ordonnant la séquestration des biens des émigrés et les condamnant à mort s'ils ne rentraient pas en France dans un délai de deux mois ; l'autre édictant des peines sévères contre les prêtres qui n'auraient pas prêté le serment civique. Outré, le roi mit son veto à ces textes, nés dans la cervelle en ébullition des nouveaux députés dont la France s'était bien imprudemment dotée. Aussitôt, toute la gent politique cria à l'abus de pouvoir. Comment ce monarque, qui n'était plus que toléré sur son trône, osait-il braver la volonté des élus de la nation ? Après un bref retour en grâce, Louis XVI et Marie-Antoinette redevenaient haïssables. La révolution, un moment hésitante, reprenait lourdement sa marche. Je me demandais toujours vers quel but.

Laure se moquait de mes appréhensions. Elle était à présent comme enragée dans ses convictions républicaines. J'évitais de la contredire, afin de conserver entre nous une apparente harmonie de sentiments, et pourtant, dans mon for intérieur, je ne pouvais lui donner raison. Son évolution vers la révolte, vers l'excès en toute chose me troublait, tel un signe de folie. En l'écoutant discourir avec une fougue nouvelle, je croyais entendre quelque « Mère Duchesne » à la langue bien pendue.

Dans notre ambassade, régnait une atmosphère de veillée d'armes. Selon Simoline, la tension entre la France démocratique et la Russie monarchique était telle qu'une rupture semblait inévitable. Sur le conseil de l'impératrice, il avait décidé de quitter le pays et de laisser à sa place un simple chargé d'affaires, Novikoff. Avant de partir, il rendit visite à Marie-Antoinette, qui le reçut avec émotion, en privé, pendant près de trois heures et lui remit une lettre d'appel au secours pour Catherine II. Le roi lui-même intervint dans la conversation pour appuyer la requête de son épouse. Tout cela, Simoline me le raconta lors de la dernière audience qu'il voulut bien m'accorder. Ce jour-là, il me recommanda de me tenir prêt, moi aussi, à plier bagage. Son visage bouffi avait une expression de rancœur et de hargne.

– Croyez-moi, me dit-il encore en me raccompagnant à la porte de son cabinet, nous n'avons plus rien à faire ici. Les souverains étrangers ne resteront pas longtemps insensibles au calvaire de Louis XVI. Hors des frontières, les émigrés s'organisent pour revenir en force. La guerre est imminente. Et vous savez de quel côté nous nous trouverons. Quant à moi, je me rends à Vienne. L'avenir de la France se jouera sans doute là-bas !

Le 30 janvier 1792 – j'ai noté la date –, Simoline prit congé solennellement du personnel de l'ambassade et monta en voiture pour son long voyage diplomatique. Son départ accrut ma solitude et mon indécision. Obsédé par ses prévisions pessimistes, je me montrais moins empressé auprès de Laure et elle se plaignait de ma soudaine froideur. J'invoquais la fatigue, les soucis... En fait, je pensais de plus en plus souvent à la Russie, aux bontés de l'impératrice, à la stricte étiquette de la cour, à la neige précoce, aux courses de traîneaux sur la Néva gelée, au ciel pâle de Saint-Pétersbourg durant les nuits blanches de juin, à ma mère enfin, qui devait être si vieille maintenant et si lasse ! J'éprouvais, pour la première fois depuis mon arrivée à Paris, la nostalgie du Nord. La France, que j'avais tant aimée à travers Laure, m'effrayait. Prenant prétexte de la cherté du pain, du sucre, du café, les Parisiens se révoltaient, dévalisaient les boutiques et la garde nationale devait intervenir pour disperser les pillards. Les membres du Club des jacobins, tapageurs et arrogants, décidaient de se coiffer désormais du bonnet rouge pour affirmer leurs intentions séditieuses. Et aussitôt toute la ville, subjuguée, adoptait ce couvre-chef ridicule. Les bonnetiers ne pouvaient plus suffire à servir leur clientèle. La rue offrait le spectacle d'une stupide mascarade. J'avais honte en songeant à certains hommes de génie, comme Voltaire, Diderot, Rousseau, Montesquieu, dont se réclamaient les misérables agitateurs d'aujourd'hui. L'année dernière, ils avaient transporté en grande pompe, dans la crypte du Panthéon, la dépouille de l'immortel auteur de *Candide*. Ne s'était-il pas retourné dans son cercueil en entendant les discours emphatiques qui se croisaient au-dessus de sa tête ?

Or, voici que le roi, poussé par ses ministres, déclarait la guerre à l'Autriche, sous prétexte qu'après la mort de Léopold II, frère de Marie-Antoinette, le nouvel empereur, François II, tolérait sur son sol le rassemblement d'une armée d'émigrés conduite par le prince de Condé. Voltaire se fût, à coup sûr, indigné contre cette inutile épreuve de force, mais tout le pays, de la droite à la gauche, s'en réjouit. L'allégresse, il est vrai, fut de courte durée. Les premiers engagements militaires n'ayant pas tourné à l'avantage des Français, le peuple accusa Marie-Antoinette d'entretenir aux Tuileries un « comité autrichien » et de préparer le massacre des patriotes. Excités par leur nouveau maire, Pétion, les Parisiens vivaient dans un état de perpétuelle alerte.

Ce fut à cette époque-là que Louis XVI commit une erreur fatale. Malgré la menace qui montait jour et nuit de la ville, il crut devoir mettre son veto à deux absurdes décrets de l'Assemblée. Il n'en fallut pas plus pour que la populace enfiévrée se ruât sur le palais des Tuileries, aux cris de : « Vivent les sans-culottes ! À bas Monsieur Veto ! » Forçant les grilles et les portes, bousculant les factionnaires, saccageant les meubles, les tapisseries, les tableaux, les émeutiers envahirent les appartements de Leurs Majestés et s'arrêtèrent, médusés, devant le roi. Très calme, Louis XVI répondit poliment à leurs insultes, refusa de céder sur le droit de veto, mais accepta de boire un verre de vin à la santé des patriotes et de coiffer le bonnet rouge qu'un énergumène lui tendait dans un geste de provocation. Désarmée par tant de sang-froid, la foule, après avoir glapi, piétiné, injurié, chanté, se retira vers les huit heures du soir.

Tout cela, je l'appris par Joseph Proutier, qui vint nous voir à l'improviste. Alerté par le tocsin du quartier, il s'était précipité aux Tuileries, afin, disait-il, d'assister à ces « événements historiques ». J'en aurais volontiers fait autant, mais j'étais retenu à la maison par une brusque aggravation de l'état de Martial Biseautin. Il avait eu une seconde attaque et le médecin ne lui donnait plus que quelques heures à vivre. Laure était depuis si longtemps préparée à cette fin qu'elle ne paraissait pas autrement affectée par le diagnostic. Tout en renouvelant le linge mouillé d'eau fraîche qu'elle posait sur le front de son père, elle interrogea Joseph Proutier, en citoyenne consciente de la gravité de la situation à l'extérieur. Il lui répondit par bribes véhémentes, avec un regard d'illuminé :

– Une horde de brutes !... Des poissardes armées de sabres !... Des gredins avinés brandissant des piques et hurlant des insanités ! Leur seul plaisir : cracher sur les parquets, briser les glaces, défoncer les portes à coups de hache !... Quel supplice, quelle humiliation pour le roi et la reine !

– Avouez qu'ils l'ont bien mérité, riposta Laure du bout des lèvres.

Je l'observai avec étonnement. Elle avait un visage de marbre. Aussi insensible aux malheurs du roi qu'à la mort de son père. Tout à coup, je compris que je n'avais plus envie d'elle.

Joseph Proutier nous quitta peu après, en s'excusant de nous avoir dérangés dans notre pieuse besogne de gardes-malade. Nous passâmes la nuit au chevet de l'agonisant. Le médecin revint à sept heures du matin pour pratiquer une nouvelle saignée. Martial Biseautin s'éteignit le jeudi 21 juin 1792, à midi, sans avoir repris connaissance.

V

Après l'enterrement, Laure changea d'attitude à mon égard. Privée d'un malade à soigner et à houspiller, elle se sentit brusquement désœuvrée, découvrit le vide de sa vie et, par réaction, se rabattit sur moi, encore plus ardente et plus possessive. Elle se préoccupait de mon humeur, de ma santé, de mes goûts culinaires et exigeait que je l'accompagnasse dans toutes ses sorties. Une mère n'aurait pas été plus acharnée à entourer de prévenances son bambin, à le toucher, à le humer, pour se persuader qu'il était bien là, à ses côtés, que nul ne songeait à le lui prendre. Chaque jour, elle me traînait à son magasin, rue Saint-Honoré, vérifiait les comptes de son employée, enfermait l'argent dans son sac et, toute guillerette, me ramenait à la maison où, après avoir rangé assignats et pièces dans une cassette, elle me sommait, l'œil allumé, de lui prouver de quoi j'étais capable en amour.

Une fois satisfaite, elle se montrait gentiment câline et bavarde. Nos conversations sur l'oreiller étaient souvent politiques. L'enthousiasme de Laure devant le cours des événements n'avait d'égal que mon scepticisme. Elle se réjouissait de toutes les innovations qui témoignaient du bouleversement de la France, qu'il s'agît de la libération des nègres ou de la mise en service, après plusieurs essais concluants, d'une machine à trancher les têtes, due à l'ingéniosité d'un certain docteur Guillotin. Ces deux mesures, très différentes, lui semblaient inspirées par un même souci d'humanité. Elle était devenue très sensible, ses nerfs frémissaient pour un rien. Je me rappelle qu'elle pleura de joie en apprenant que, devant le péril extérieur, les députés des diverses tendances s'étaient embrassés et avaient juré d'oublier leurs querelles. Le roi était venu à l'Assemblée et y avait reçu une large ovation en annonçant qu'il était prêt à défendre avec elle la Constitution et la liberté.

Quelques jours plus tard, la patrie était déclarée en danger et des tentes, surmontées du bonnet rouge, se dressaient çà et là pour accueillir les jeunes gens désireux de s'engager dans l'armée. Laure m'entraîna vers la place Louis-XV pour admirer le spectacle de cet élan populaire. L'afflux des volontaires était tel qu'ils devaient faire la queue devant les officiers municipaux chargés d'enregistrer leurs demandes. La foule les applaudissait et leur jetait des fleurs. Pendue à mon bras, Laure soupirait :

– Ah ! les braves garçons ! Grâce à eux, la France vaincra ! Je suis fière de mon pays ! Vive la nation !

De temps en temps, on tirait le canon du côté du Pont-Neuf et de l'Arsenal. Ces détonations sourdes rappelaient à chacun la gravité du moment. Au reste, depuis peu, la ville s'était mise résolument à l'heure révolutionnaire. Des ouvriers effaçaient à coups de marteau sur la pierre les armoiries qui ornaient le fronton des demeures de la noblesse. Les enseignes des boutiques, vouées naguère à un saint patron ou à un haut personnage aristocratique, étaient remplacées en hâte par d'autres formules désignant le même commerce : *À la Patrie*, *À la Prise de la Bastille* ou *Au Peuple souverain*. Le magasin de Laure, qui s'appelait tout bonnement *Au Sourire de saint Honoré*, devint du jour au lendemain : *Au Sourire des citoyennes libres et vertueuses*. Parfois, quelque gaillard chevelu, à la voix de stentor, grimpait sur une borne et commentait les panonceaux devant un cercle de badauds.

Nous soupâmes dans la gargote où j'allais autrefois, dans le quartier de Saint-Sulpice. La salle était bondée. Les convives s'interpellaient d'une table à l'autre. Tous n'avaient que la guerre en tête, tous croyaient à une prompte victoire. J'avais l'impression d'être un intrus parmi ces gens aux convictions simples et farouches. Même Laure m'était étrangère. Il émanait d'elle je ne sais quelle fureur belliqueuse qui m'ôtait tout désir de la serrer dans mes bras.

Cependant, lorsque nous fûmes seuls dans notre chambre, il me sembla que je retrouvais une vraie femme. Elle prit mon front dans ses mains, chercha mes lèvres. La politique était oubliée. Je crus à un retour fulgurant du bonheur. Tandis que je l'aidais à se déshabiller, elle arrêta soudain mes doigts qui s'impatientaient autour des boutonnières et dit, en me scrutant jusqu'au fond des yeux :

– Tu sais, Constantin, j'ai pris une résolution. Nous ne pouvons continuer à vivre ainsi. Il est temps de nous marier.

Une massue s'abattit lourdement sur ma nuque. Je demeurai un instant muet, le cerveau vibrant sous le choc, les jambes molles. J'avais tout envisagé, sauf la perspective de finir mes jours avec Laure. Pourtant, je n'osai lui dire non. Je cherchai une échappatoire.

– Ce serait… merveilleux, murmurai-je. Mais il faut bien réfléchir avant de franchir le pas…

– Tu hésites ? demanda-t-elle avec un regard menaçant.

– Un peu, je l'avoue… Le moment est mal choisi…

– Pourquoi ?

– Je suis russe, tu es française… La France est en guerre…

– Pas contre la Russie !

– Quand le feu prend à une botte de paille, on doit craindre pour la grange… Déjà, à Paris, tous les étrangers sont suspects… Notre ambassadeur est parti… Je serai peut-être, moi aussi, obligé de partir…

– Si tu m'épouses, tu auras le droit de rester !

– Ce n'est pas sûr…

– Alors, je te suivrai en Russie !

– Oui, bien entendu… Mais tu y seras malheureuse… Je ne voudrais pour rien au monde t'arracher à ton pays… Il peut y avoir une autre solution… Laisse-moi me renseigner… Nous ne sommes pas à un jour près…

– Lâche ! fit-elle entre ses dents. Tu te dérobes !

– Mais non !

– Tu ne m'aimes pas !

– Comment peux-tu le croire ? Au contraire… Je t'assure…

Je bégayais, je flottais, j'étais misérable. Repoussant mes mains, elle acheva de se dévêtir toute seule. Dans le lit, elle me tourna le dos et refusa mes caresses. En vérité, j'aurais été bien incapable de les mener à une conclusion heureuse. La nouvelle prétention de Laure me pétrifiait. Comment avais-je pu aimer cette femme ? Elle s'était assoupie à mon côté. Je baignais dans sa chaleur. Or, je me sentais à mille lieues de ce corps exigeant, de cette âme calculatrice et autoritaire. Mais peut-être avais-je tort de me rebeller ? Peut-être des lendemains radieux m'attendaient-ils en France si j'épousais ma maîtresse ? Peut-être avais-je besoin d'être dominé le jour par celle-là même que je dominais la nuit ? Les yeux ouverts dans le noir, je décidai qu'il me fallait, au plus vite, solliciter le conseil d'un homme de confiance, autrement dit de Joseph Proutier. Chaque fois que je me trouvais à la croisée des chemins, c'était son jugement que j'invoquais pour me tirer d'embarras. Il ne m'avait jamais déçu. Maintenant aussi bien que jadis, il me dicterait ma conduite.

Le lendemain, Laure s'éveilla, rose et dispose, comme si elle eût oublié notre discussion de la veille, m'embrassa tendrement, voulut savoir si j'avais bien dormi et donna ses instructions à la femme de charge qui venait prendre son service. En quittant la table après la collation du matin, je lui annonçai que j'avais l'intention de sortir seul pour faire quelques pas en ville.

– Mais tu es libre, Constantin, me dit-elle avec un sourire froid. Tu n'as pas à me demander la permission. Surtout depuis notre conversation d'hier !

Je ne relevai pas l'aigreur de ce propos, m'habillai en hâte et me rendis tout droit chez Joseph Proutier. Par chance, il n'y avait aucun client dans sa boutique. Dès mes premiers mots, il leva les bras vers le plafond.

– Je vous ai déjà dit ce que je pensais d'elle, mon cher Constantin ! s'écria-t-il. Je n'ai pas changé, malgré ses récentes amabilités. Elle vous sucera jusqu'à la dernière goutte de sang et vous abandonnera, vidé. En outre, avec cette guerre qui va sans doute s'intensifier, votre situation en France risque d'être de plus en plus précaire...

– C'est ce que je lui ai expliqué.

– Et qu'a-t-elle répondu ?

– Elle ne veut rien entendre...

– Rompez net, fuyez, Constantin !

– Pour aller où ?

– Au besoin, venez vous réfugier chez moi. Je vous aménagerai un coin pour dormir, dans l'arrière-boutique...

140

Je le laissai et, malade d'incertitude, courus à l'ambassade. Le chargé d'affaires Novikoff me reçut aussitôt. Il était blême et transpirait d'angoisse.

– De graves événements se préparent, me dit-il. C'est encore chez votre logeuse que vous serez le plus en sécurité. Si elle est bien vue dans le quartier, on ne vous importunera pas. Ici, nous nous préparons à toute éventualité. J'ai ordre de brûler les documents les plus compromettants…

Son cabinet était encombré de caisses, comme à la veille d'un voyage. Malgré un début de calvitie, il ne portait plus de perruque, sans doute pour se conformer à la mode du temps. Une expression traquée vieillissait son visage. Nous fûmes interrompus par l'arrivée d'un agent secret, un Français nommé Malvoisin, que je connaissais pour l'avoir vu à plusieurs reprises à l'ambassade. Recruté et rétribué par Simoline, il continuait son office tortueux après le départ de Son Excellence. Cette fois, il apportait des échos alarmants de l'Assemblée. Certains députés, disait-il, avaient parlé, hors séance, de la nécessité de destituer le roi.

– Vous voyez où ils en sont ! s'écria Novikoff. Croyez-moi, retournez chez vous et faites le gros dos, laissez passer l'orage…

Je rentrai à la maison sans avoir pu décider si je devais quitter Laure immédiatement ou prolonger mon séjour chez elle jusqu'au moment où la situation politique se serait clarifiée. Elle m'accueillit gaiement et me demanda ce que j'avais fait de ma matinée. Je mis un point d'honneur à ne pas lui mentir, mais, en racontant ma visite à Joseph Proutier, j'évitai bien entendu de répéter les accusations violentes qu'il avait, une fois de plus, portées contre elle. Tout au plus fis-je allusion aux craintes de mon ami devant de nouveaux désordres. Elle rit en secouant la tête :

– Quel drôle de citoyen, ton Joseph Proutier ! Je l'aime de tout mon cœur, mais je le soupçonne d'être furieusement monarchiste. Il aurait des accointances parmi les émigrés que je n'en serais pas étonnée !

– Ne crois pas cela, dis-je précipitamment. Il parle toujours de la liberté, des droits de l'homme, de la volonté populaire avec enthousiasme…

– J'admets qu'il cache bien son jeu, le bougre !

– Mais non ! Il est sincère ! Tout à fait sincère…

– Soit ! Après tout, ses opinions ne me regardent pas. Qu'il penche d'un côté ou de l'autre, il est ton ami, et cela suffit à me le rendre cher.

En entendant ces paroles, je m'illuminai de reconnaissance. Laure me paraissait tout à coup moins redoutable. D'ailleurs, elle ne parlait plus de mariage. Avait-elle abandonné son projet ? Il n'était pas dans son caractère de renoncer ainsi à une idée qu'elle avait longuement mûrie. Je m'attendais, d'un jour à l'autre, à un nouvel assaut. Poussé dans mes derniers retranchements, que répondrais-je ? Les arguments les plus contraires me tiraillaient. Je ne savais plus où j'en étais de mes préférences et priais le ciel de retarder l'explication finale jusqu'à l'heure où les événements décideraient pour moi.

Comme pour exaucer ce souhait, il semblait que l'Histoire, en France, eût pris le mors aux dents. À la fin de juillet 1792, le duc de Brunswick, chef des coalisés réunis de l'autre côté du Rhin, lança un manifeste menaçant Paris d'une exécution militaire impitoyable s'il était fait le moindre outrage au roi et à la reine. Loin d'intimider les Parisiens, ce texte insolent les souleva dans une rage dévastatrice. Il leur parut évident que Louis XVI et Marie-Antoinette étaient de connivence avec l'ennemi extérieur. Dans l'esprit surchauffé de la canaille, ces souverains ne méritaient plus de régner sur une nation qu'ils avaient trahie. L'arrivée d'une troupe de cinq cents fédérés marseillais en armes fit encore monter la fièvre dans les rues. Envahissant l'Assemblée, ils exigèrent la destitution immédiate du roi. Et, le 10 août à l'aube, au son du tocsin, la populace se dirigea vers les Tuileries, tandis que la famille royale, terrorisée, cherchait refuge auprès des députés, dans l'enceinte du Manège. Alors que Leurs Majestés écoutaient les discours pompeux des orateurs qui se succédaient à la tribune, les émeutiers donnaient l'assaut au palais des Tuileries, massacraient les Suisses qui en défendaient l'accès, égorgeaient les domestiques, brisaient les meubles, éventraient les lits, vidaient les tiroirs et, après avoir pataugé dans le sang avec des rires d'ogres, envoyaient des délégations à l'Assemblée pour réclamer la déchéance de « Louis Capet ». Cette résolution extravagante était proclamée, le soir même, au milieu d'un délire de joie et la famille royale se voyait parquée dans les cellules du couvent des Feuillants, attenant au Manège. Trois jours plus tard, elle était transférée au Temple. La France avait mis son roi sous les verrous. Pour un Russe comme moi, cet emprisonnement tenait du sacrilège. C'était comme si une bande de moujiks avinés eût craché sur une icône. Quand la plèbe ne respecte plus ses chefs, les forces mauvaises se déchaînent. Ceux-là mêmes qui ont ouvert les écluses ne savent pas les refermer. Plus une révolution est généreuse et intelligente au départ, plus elle risque d'être stupide et sanglante à l'arrivée.

Malvoisin multipliait ses visites furtives à l'ambassade. Les informations qu'il y apportait étaient de plus en plus pessimistes. Introduit partout, il prévoyait tout, flairait tout à distance. L'agilité et la ruse d'un rat. Il en avait d'ailleurs le museau pointu, l'œil vif et la moustache clairsemée. Il s'était pris de sympathie pour moi et me conseillait, comme Novikoff, de rentrer dès que possible en Russie. Je lui jurai que je n'avais nullement l'intention de bouger, mais je n'en étais plus très sûr. Peu à peu, mis en confiance, je lui parlai de ma liaison avec Laure et de nos dissensions politiques. En revanche, je ne dis rien à ma maîtresse des révélations d'ordre intime que j'avais faites à l'agent secret. Je me bornai à la tenir au courant des doutes de cet homme – généralement bien renseigné – quant à l'avenir de la France. Elle essaya de me calmer en affirmant qu'il se trompait et que le pire était derrière nous :

– C'est mieux ainsi, Constantin. Maintenant, tout est clair. La France a choisi sa voie, qui, ne l'oublie pas, a été préparée par les philosophes…

Mais j'étais accablé. Il me semblait que je n'avais plus rien de commun avec cette nation retournée à l'état sauvage. Était-il possible qu'en quelques mois la France de la lumière, de l'élégance, de l'ironie, de la mesure fût devenue cette ménagerie de bêtes fauves ? À la haine des souverains s'ajoutait maintenant, parmi le peuple, la crainte d'une marche des armées coalisées sur Paris. Longwy venait de tomber. On s'attendait à d'autres défaites. Tous les habitants étaient conviés à prêter le serment civique dans les sections. Excités par les journaux, les gens simples voyaient des espions partout. On se surveillait entre voisins. Les dénonciations anonymes tombaient comme grêle. Des groupes de patriotes faisaient la chasse aux prêtres réfractaires et aux aristocrates. Chaque jour, des commissaires, accompagnés de gardes nationaux, perquisitionnaient dans les maisons suspectes pour y chercher des armes. Ils se présentèrent chez nous à l'improviste et fouillèrent l'appartement de fond en comble, sans rien découvrir de compromettant. Le commissaire, un gros homme à la mâchoire carrée, à l'œil torve et au chapeau empanaché, paraissait mécontent de repartir bredouille. Ayant examiné nos papiers, il m'interrogea d'un ton abrupt :

– Vous êtes russe ?

– Oui, citoyen.

– Que faites-vous en France ?

– Comme il ressort de ces documents, je suis employé à l'ambassade de Russie.

– Hum !… Et vous, citoyenne, avez-vous votre brevet de civisme ?

– Le voici, dit Laure.

Nous étions en règle. Pourtant, le commissaire tardait à s'en aller. Il nous rendit les papiers, fit encore une fois le tour des pièces et soudain, pointant sur nous un doigt accusateur, demanda :

– Comment se fait-il que vous viviez ensemble ? Vous n'êtes pourtant pas mari et femme !

– Pas encore, répondit Laure en me lançant un regard oblique.

Et elle ajouta avec un sourire :

– Mais cela ne saurait tarder.

Je me sentis de nouveau pris au piège, les pattes enfoncées dans la glu.

– Très bien, citoyenne, dit le commissaire. Il faut arranger au plus vite les situations irrégulières. La nation aime la vertu.

Sur ces mots, il tourna les talons et ses soldats le suivirent, laissant derrière eux une forte odeur de suint. Quand ils furent partis, Laure se rua dans mes bras et m'ouvrit la bouche d'un baiser violent. L'inspection domiciliaire, qui aurait dû la révolter, la jetait dans une allégresse frénétique. Le danger couru avec moi l'excitait plus que ne l'eût fait n'importe quelle caresse. Elle y puisait un encouragement à vivre dans la passion, l'audace et le refus du passé. Comme je me dérobais à ses embrassements, elle s'écria :

– Qu'as-tu, Constantin ? C'est le commissaire qui t'a fait peur ? Pourtant il a été très correct ! Quand donc comprendras-tu que ces gens-là sont nos amis, que nous marchons avec eux vers un avenir radieux, que le monde entier, bientôt, enviera notre chance ?

En la voyant ainsi, les yeux brillants, la face enflammée, je doutai qu'elle eût encore toute sa raison. Sa jubilation insensée me faisait horreur. Sans un mot, je la repoussai et me dirigeai vers la porte.

– Où vas-tu ? hurla-t-elle.

Je ne répondis pas, dévalai l'escalier et me mis à courir dans la rue. Une idée fixe me poussait en avant : Joseph Proutier avait-il, lui aussi, reçu la visite du commissaire ? En arrivant devant la boutique de *L'Ami des cœurs solitaires*, je constatai que les volets étaient posés et qu'un ruban, chargé de gros cachets rouges, interdisait qu'on y touchât. Abasourdi, j'interrogeai des voisins qui s'étaient assemblés devant la porte. Ils m'apprirent que Joseph Proutier avait été arrêté la veille au soir et emmené, sous escorte, à la prison de l'Abbaye, du côté de l'église Saint-Germain-des-Prés. La perquisition opérée dans son échoppe avait permis d'y découvrir, selon les témoins, des documents d'une haute importance. Il était accusé d'entretenir une correspondance secrète avec des aristocrates de l'extérieur.

– Quelqu'un l'a sûrement dénoncé au comité de section, marmonna une vieille femme dont les cheveux gris pendaient, par mèches, hors d'un bonnet phrygien.

– Qui ? demandai-je.

– Comment savoir ? Une cliente, sans doute, ou un client…

– Des patriotes, en tout cas, dit un sans-culotte au faciès arrogant.

Le goulot d'une bouteille dépassait d'une poche de sa carmagnole. Il arborait sur la poitrine un insigne de cuivre avec cette inscription : *Force et Union.* Une vague de froid me submergea. Malgré moi, je pensai à Laure. N'était-ce pas elle qui avait alerté les autorités révolutionnaires contre Joseph Proutier ? Elle nourrissait une telle rancune envers lui sous des dehors amènes ! Non, non, je la calomniais. Elle était incapable d'une action aussi basse. Je n'avais même pas le droit de lui poser la question. Cependant, le doute demeurait en moi, lancinant, incoercible, une goutte de poison qui me brûlait le sang.

– C'est absurde ! balbutiai-je. Il ne s'est jamais occupé de politique. Il est innocent !

– Alors, on le relâchera après interrogatoire, dit le sans-culotte. Chez nous, tout se fait selon les règles.

Je ne voulus pas en entendre davantage et me rendis à la prison de l'Abbaye, toute proche, pour me renseigner sur le sort de mon ami. La maison de détention était une construction grise et massive, flanquée de tourelles en encorbellement. Une foule de poissardes débraillées piétinait et jacassait dans la rue Sainte-Marguerite,

148

attendant sans doute l'arrivée de nouveaux suspects pour les insulter. Je me frayai un chemin jusqu'au porche, gardé par des sentinelles en armes. Il me fallut parlementer longtemps avec ces hommes avant d'accéder au guichet d'entrée, puis au greffe. La pièce où je pénétrai était exiguë, sombre et basse de plafond. L'air empestait le ragoût et l'urine. Des assiettes sales étaient empilées sur une chaise. Le greffier venait de prendre son repas. C'était un petit homme tout de noir vêtu et qui portait encore la perruque. Je lui expliquai le but de ma visite et déposai quelques assignats sur sa table, entre les dossiers. Il empocha l'argent, mais refusa de me laisser consulter le registre d'écrou. Comme j'insistais pour savoir s'il y avait un dénommé Joseph Proutier sur sa liste, il claqua des doigts et deux gardiens me poussèrent dehors. Je dus m'éloigner sous les rires, sans avoir obtenu la moindre réponse.

Des heures durant j'errai dans les rues, indifférent à la bousculade des passants, aux affiches patriotiques placardées sur les murs et aux cris des marchands ambulants, qui eux aussi avaient cru bon de s'habiller en sans-culottes. Cette ville n'était pas la mienne, ce siècle n'était pas le mien. À tout hasard, je retournai à l'ambassade. Malvoisin en sortait, rasant les murs. Je lui parlai de Joseph Proutier. Il fit la grimace :

– Sale affaire ! Aujourd'hui, arrestation est synonyme de condamnation !

Et il se dépêcha de filer, par crainte probablement qu'on ne le vît causant avec un étranger. Ce fut tard dans la soirée que je rentrai, désespéré et fourbu, à la maison. Laure guettait mon retour par la fenêtre. En m'ouvrant la porte, elle s'écria :

– Que t'est-il arrivé ? J'étais si inquiète !

– Joseph Proutier a été arrêté, dis-je.

Elle joignit les mains :

– Quel malheur ! Mais c'était à prévoir, mon pauvre Constantin ! Ton ami tenait des propos si étranges ! Quelque voisin malveillant les aura rapportés au comité de section…

Je la regardai, nimbée de tendresse. Mentait-elle ? Était-elle sincère ? Jamais je ne percerais son mystère. Ivre de chagrin et de dégoût, je m'écroulai, en larmes, sur le lit.

– Je t'aiderai à le retrouver, dit-elle.

Et je m'entendis murmurer : « Merci », alors que j'aurais voulu étrangler cette femme.

VI

Je retournai deux fois à la prison de l'Abbaye sans obtenir le renseignement que j'espérais. La troisième fois enfin – c'était, je m'en souviens, le 1er septembre 1792 –, le greffier, s'étant radouci, m'annonça qu'un certain Joseph Proutier figurait bien sur le registre d'écrou et que ce citoyen attendait, comme les autres, son tour d'être interrogé et jugé. Je ne pus me retenir de demander naïvement :

– Si son innocence est reconnue, il sera relâché, n'est-ce pas ?

– Bien sûr !

– Quand ?

– Aussitôt.

– Est-ce fréquent que vous libériez des détenus ?

– Ça arrive !...

Cette affirmation me soulagea quelque peu de mes craintes. Mais, le lendemain, qui était un dimanche, elles redoublèrent. Brusquement, la ville fut prise de folie. Des affiches apparurent sur les murs, informant la population que Verdun venait de capituler devant l'armée du duc de Brunswick. Autrichiens, Prussiens et émigrés marchaient sur Châlons. La route de Paris était ouverte. À qui la faute ? Au « gros Capet », à sa « putain d'Autrichienne », aux « prêtres factieux », aux « foutus aristocrates » qui conspiraient contre la nation. Ces accusations terribles étaient lancées par les hommes de la Commune insurrectionnelle, avec à leur tête des effrénés tels Robespierre, Chaumette, Billaud-Varenne... Du jour au lendemain, leurs noms étaient devenus célèbres. À eux seuls, ils incarnaient la conscience de la France nouvelle. La révolution était leur métier et, sans doute, leur gagne-pain.

J'avais promis à Laure de l'accompagner à son magasin, mais, une fois plongé avec elle dans la cohue de la place de la Révolution, ci-devant place Louis-XV, je fus frappé par le ridicule de notre démarche en un jour d'effervescence populaire. Aussi cherchai-je à la dissuader de poursuivre son chemin. Elle haussa les épaules et me conseilla sèchement de rentrer à la maison si j'avais peur de me mêler aux braves patriotes qui lisaient et commentaient les affiches. Je la pris au mot et revins sur mes pas, tandis qu'elle s'en allait, seule et vexée, à travers la foule.

Il faisait très chaud. La ville, poussiéreuse, altérée, exhalait une odeur de fièvre. Comme je remontais la rue des Saints-Pères, au milieu d'un flot de promeneurs endimanchés et énervés, des colporteurs m'assaillirent. L'un d'entre eux me tendit une brochure fraîchement imprimée. J'en lus le titre, tout en marchant : *Complot découvert pour assassiner, dans la nuit du 2 au 3 de ce mois, tous les bons citoyens de la capitale, par les aristocrates et les prêtres réfractaires, aidés des brigands et des scélérats détenus dans les prisons de Paris.* Un voile blanc passa devant mes yeux. Cette fois, nous entrions dans le tragique système des boucs émissaires. Il fallait des responsables aux malheurs de la France. Le pouvoir insurrectionnel en désignait au peuple afin qu'il assouvît sur eux sa soif de revanche. Déjà, pour entretenir les masses dans un état d'alerte, on tirait le canon, on battait la générale, on sonnait le tocsin. L'air vibrait du tintement des cloches et du roulement des tambours. Des hommes brandissaient le poing, des femmes criaient vengeance avec des faces convulsées de haine. J'entendis parmi eux les accents d'un nouveau chant révolutionnaire, beuglé à pleine poitrine. Destiné à l'armée du Rhin, il avait vite reçu le nom de *Marseillaise.* Les paroles en étaient horribles. Je me dépêchai de rentrer chez moi.

Au retour de Laure, je lui montrai la brochure provocatrice que j'avais rapportée de ma promenade. Elle tenait la même à la main.

– Ce n'est rien, dit-elle. De belles phrases destinées à calmer l'ardeur des citoyens.

– Mais elles ne les calment pas, elles les excitent !

– Tu connais mal mes compatriotes. Plus ils discutent, moins ils agissent. Leurs forces s'épuisent dans les mots qu'ils jettent au vent.

– Je me méfie de Robespierre !

– Et moi, je lui fais confiance. Il est pur et dur. Il sait où il va…

La nuit fut agitée. Un sourd bourdonnement entrait par la fenêtre ouverte. Comme si la ville entière eût refusé de dormir. J'évitai de prendre Laure dans mes bras, sombrai à son côté dans un bref sommeil et, dès le matin, tandis qu'elle vaquait à sa toilette et aux soins du ménage, me rendis à la prison de l'Abbaye.

Une multitude joyeuse m'avait précédé sur les lieux. Sans-culottes, boutiquiers, tire-laine, harengères, tricoteuses se bousculaient autour de trois charrettes, arrêtées devant le portail. Et ces charrettes étaient chargées à ras bords de cadavres aux larges blessures rouges. La plupart étaient à demi nus. On leur avait volé leurs bottes, leurs chaussures. Hommes et femmes, entassés pêle-mêle, formaient un monstrueux paquet de têtes défoncées, de bras mutilés, de ventres fendus, de bouches béantes et d'yeux aveugles, le tout barbouillé de sang et de boue. Des bacchantes hystériques avaient escaladé ces montagnes de chair morte et dansaient dessus, les jupes retroussées, en criant : « Vive la Nation ! À bas les traîtres ! » Je crus que j'allais vomir. Autour de moi, la plèbe s'égosillait, gesticulait, dans une puanteur de sueur et de vinasse.

Vacillant sur mes jambes, j'avisai un paisible horloger qui observait la scène du seuil de son échoppe, m'approchai de lui et le questionnai sur ce qui s'était passé à la prison. Il m'apprit qu'à l'aube une foule surexcitée avait forcé les portes et massacré au sabre, à la pique, à la hache quelques dizaines de détenus, au hasard. Puis on avait improvisé un tribunal populaire, présidé par un certain Maillard, huissier de son état, et les exécutions s'étaient poursuivies, à tour de bras, dans la cour de l'Abbaye. En agissant ainsi, disait ce témoin à l'air bonasse, les égorgeurs avaient pris les devants, car, ainsi que l'avaient révélé les affiches, les cachots de Paris regorgeaient de conspirateurs, lesquels, à l'approche des troupes du duc de Brunswick, se seraient sûrement échappés pour assassiner les patriotes.

Stupéfié par la sottise de ces réflexions, qui devaient être communes à la plupart des jobards de France, je retournai vers les charrettes et tentai de discerner des visages parmi les cadavres. Jeunes ou vieux, tous m'étaient inconnus dans leur grimace finale. Déjà les lourdes voitures se mettaient en mouvement, fendant la cohue. On emportait les corps vers quelque carrière, en dehors de Paris, où ils seraient jetés en vrac. Pas de sépulture chrétienne. Les ogres de la révolution en avaient décidé ainsi. Sans attendre le départ du convoi, le concierge de l'Abbaye vidait des seaux d'eau devant le portail pour laver les flaques de sang. Comme la dernière charrette passait à ma hauteur, très lentement, dans un affreux grincement de roues, je ne pus retenir un cri. Au sommet du tas de viande humaine, cette face livide, cette mâchoire décrochée, ce regard fixe et révulsé : Joseph Proutier ! Couché sur le dos, il portait au cou une entaille profonde. On lui avait retiré sa culotte. Son sexe pendait sur sa cuisse nue. Une harpie, un pied posé sur son ventre, brandissait un drapeau tricolore.

Je regrettai de n'avoir pas de pistolet sous la main pour abattre la mégère. Tout à coup, dans une sorte d'hallucination, il me sembla que c'était Laure qui se pavanait sur le tombereau funèbre avec de grands rires de folle. Cette vision fut rapide comme l'éclair. Déjà je revenais à la réalité. Mais l'horreur persistait dans ma tête. Les charrettes disparurent une à une, en cahotant, du côté du carrefour de Buci. Hébété, révolté, malade de dégoût et d'impuissance, je repris le chemin de la maison.

J'espérais que Laure serait sortie entre-temps. Après ce que j'avais vu, il me paraissait impossible de supporter sa présence. Mais elle était là, tranquille, rayonnante, affreusement belle dans son indifférence aux drames de la rue. Malgré moi, je la rendais complice de tout ce qui m'indignait dans cette France sans foi ni loi. Assise devant son secrétaire, elle triait des papiers, des lettres. Je fis un pas dans la pièce et dis d'une voix blanche :

– Ils ont assassiné Joseph Proutier !

Manifestement, cette nouvelle n'était pas de nature à la surprendre. Levant sur moi des yeux limpides, elle répliqua doucement :

– Ton ami savait ce qu'il risquait. En choisissant son camp, on choisit son destin.

– Et toi, ton destin, c'est la révolution ? m'écriai-je.

– Oui, Constantin.

– Cette ignominie, cette ordure sanglante, cet appel permanent à la délation et au meurtre lancé par les esprits les plus médiocres et les plus envieux de France !...

– Une naissance s'accompagne toujours de convulsions et de douleurs.

– À quelle naissance fais-tu allusion ?

– À celle de la république.

– Était-il nécessaire, pour qu'elle vît le jour, d'égorger Joseph Proutier ?

– Ce fut une regrettable erreur, sans doute. Mais, devant les complots des aristocrates, il était indispensable de nettoyer Paris.

– Tu appelles cela nettoyer ? hurlai-je.

Elle ne répondit pas. Son calme, son assurance m'exaspéraient au point qu'un tremblement nerveux me parcourait de la nuque aux talons. Je m'entendis prononcer lentement, distinctement :

– C'est toi qui l'as dénoncé ?

– Non.

– Jure-le !

– Je m'y refuse.

– Pourquoi ?

– Parce que tu n'as pas le droit de me soumettre à un interrogatoire. D'ailleurs, même si j'avais signalé son cas au comité de section, je me sentirais la conscience tranquille, car je n'aurais fait là que mon devoir de patriote et de Française !

– Tu es ignoble, murmurai-je, abasourdi par tant de cynisme.

Et je levai la main pour la gifler. Elle me foudroya d'un regard méprisant et, repoussant sa chaise, se dressa devant moi tout d'une pièce. Elle me défiait. Il émanait d'elle un froid de statue. Je me dis qu'elle ressemblait à la Minerve casquée.

– Et toi, tu n'es qu'un pantin ! proféra-t-elle entre ses dents.

Vaincu, je laissai retomber mon bras sans l'avoir touchée. Ma rage, en refluant, cédait la place à une infinie tristesse. Tout ce qui m'était cher s'éloignait de moi en cette minute. Je venais de perdre à la fois Joseph Proutier, Laure et la noble idée que je me faisais de la France. Un sanglot me brisa la poitrine. J'avais honte de pleurer ainsi devant ma maîtresse alors qu'elle restait impassible, mais la violence de mon chagrin m'ôtait toute raison et toute volonté.

– Bon, dit-elle, va te reposer. Nous en reparlerons à mon retour. Il faut que je passe au magasin...

Une fois de plus, elle dominait la situation. J'étais à sa merci, esclave de son charme, de son autorité, de sa rouerie...

Quand elle fut partie, sans un mot de tendresse, sans un baiser de réconciliation, je tournai pendant près d'une heure, désœuvré et affaibli, dans l'appartement ; et soudain ma résolution fut prise : rompre, rompre au plus vite ! Oui, tout plutôt qu'une longue succession de jours auprès de cette femelle exigeante et cruelle ! Malgré ses dénégations, j'étais sûr qu'elle était pour quelque chose dans la mort de Joseph Proutier. Elle avait le sang de mon vieil ami sur les mains. Jamais plus je ne pourrais la désirer, la caresser comme autrefois. Son absence, en ce moment, était providentielle. Il fallait en profiter pour déguerpir. Joseph Proutier ne m'avait-il pas dit que mon salut était dans la fuite ? Du fond de la fosse commune, il me conseillait encore.

Ayant rangé mes vêtements et mes objets personnels dans deux sacs, je voulus écrire une lettre d'adieu à Laure. Mais je me ravisai aussitôt. Après ce qu'elle avait fait, elle ne méritait aucun ménagement, aucune explication. En trouvant l'appartement vide, elle comprendrait très bien qu'elle était seule responsable de mon départ. Ramassant mon bagage, je m'esquivai comme un voleur et me dirigeai vers l'ambassade, où je comptais m'installer avant de pouvoir retourner en Russie.

Novikoff, à qui j'exposai mes intentions, ne fit aucune difficulté pour m'accueillir et me loger. Je sus par lui que des massacres avaient eu lieu dans toutes les prisons de Paris, que les victimes se comptaient par centaines et que, après avoir décapité la princesse de Lamballe, des enragés avaient promené sa tête au bout d'une pique jusque sous les fenêtres de la reine, au Temple. Selon lui, ces débordements sanguinaires n'en étaient qu'à leurs débuts. Il espérait recevoir de

Saint-Pétersbourg l'ordre de fermer l'ambassade. Catherine II ne venait-elle pas d'expulser le chargé d'affaires français, Genet ? La France riposterait, tôt ou tard, par une mesure analogue. En attendant, il fallait continuer à assurer la représentation diplomatique russe à Paris, fût-ce au prix des pires avanies. Mon cas était différent. N'ayant aucune affectation spéciale, rien ne m'obligeait à rester. Novikoff se fit fort de me procurer, par l'agent secret Malvoisin, qui avait plus d'un député jacobin dans sa poche, un faux passeport pour quitter le pays. Je le remerciai avec effusion.

Il n'y avait plus, dans le vaste hôtel de la rue de Gramont, que trois secrétaires et un aumônier. Le père Nicolas était un homme barbu, taciturne et silencieux, que nous respections sans jamais lui demander son avis sur les questions politiques. D'ailleurs, il semblait n'être pas de ce monde. Enfermé dans la prière, il nous regardait comme si nous avions été transparents. Je me rendis à sa suite dans la petite chapelle orthodoxe jouxtant le salon. Sa voix grave psalmodiant les paroles sacrées, l'odeur un peu engourdissante de l'encens, le reflet des cierges sur les dorures métalliques des icônes : je me retrouvais soudain, bercé de mélancolie et de gratitude, au cœur de la Sainte Russie, alors que le Paris révolutionnaire bouillonnait à nos portes !

Servis par un laquais russe à demi sourd, nous soupâmes tous ensemble dans la salle à manger d'apparat, éclairée par un lustre de cristal qui ne supportait plus que quatre bougies. La conversation roula, bien entendu, sur les événements de la journée et l'attitude future de notre impératrice à l'égard de la France. Novikoff affirmait que Catherine II, tout en s'indignant des exactions commises contre la famille royale, ne pensait pas, pour l'instant, à intervenir militairement aux côtés des coalisés européens. Elle était trop occupée, disait-il, par les conséquences de la paix signée récemment avec la Turquie et par la difficile mise au pas de la Pologne pour songer à envoyer ses troupes vers d'autres combats. Chacun de nous se réjouissait d'être provisoirement tenu à l'écart du conflit. Au dessert, nous bûmes du champagne à la santé de l'impératrice et au triomphe des armées russes sur les insurgés polonais. Le père Nicolas leva lui aussi son verre. Mais, lorsque nous nous installâmes pour jouer aux cartes, il se retira après nous avoir bénis d'un signe de croix. Derrière les murs, retentissaient toujours des coups de canon et des sonneries de cloches. Nous étions dans un navire secoué par la tempête. Il était plus de minuit lorsque nous nous séparâmes. En raison des périls extérieurs, tous les membres de l'ambassade dormaient sur place. Le somptueux hôtel de Lévis était transformé en bivouac.

On m'avait octroyé une paillasse dans un petit bureau désaffecté. En me couchant, j'eus une pensée émue pour Laure. Qu'avait-elle éprouvé en ne me trouvant plus à la maison ? Ne m'étais-je pas montré trop brutal par ma façon de lui fausser compagnie ? N'allait-elle pas essayer de me relancer dans ma retraite ? Sans nul doute, elle avait immédiatement deviné le lieu où je me cachais. Les yeux écarquillés sur les ténèbres, j'avais l'impression d'être traqué à la fois par la révolution et par une femme. Laquelle des deux était la plus dangereuse ? Mon sommeil ne fut qu'une succession de cauchemars. Joseph Proutier, livide et ensanglanté, me demandait des comptes. Je me sentais coupable devant lui parce que j'avais trop tardé à rompre avec ma maîtresse.

À l'aube, j'ouvris les rideaux de ma fenêtre, qui donnait sur la rue de Gramont. Non loin du porche, j'aperçus une silhouette féminine et me rejetai en arrière. J'avais cru reconnaître Laure. Oui, oui, c'était elle, à coup sûr. Elle guettait ma sortie pour me remettre le grappin dessus et me ramener à la maison. J'en informai Novikoff. Il me tranquillisa : tant que je resterais dans ces murs, je n'aurais rien à craindre. Les factionnaires avaient ordre de ne laisser entrer dans l'ambassade que les membres du personnel et les visiteurs munis d'un sauf-conduit.

Les jours suivants, alerté par Novikoff, le zélé Malvoisin s'occupa d'organiser subrepticement mon départ. Il lui fallut trois semaines pour obtenir un passeport en règle, au nom de Robert Calmevat, citoyen de Genève, se déplaçant pour affaires. Mon plan était de rejoindre Dieppe et de m'y embarquer à destination d'Amsterdam. De là, il me serait aisé de gagner Saint-Pétersbourg. J'avais mis assez d'argent de côté pour payer le voyage. Novikoff compléta mon pécule en prélevant une somme rondelette sur les fonds secrets de l'ambassade.

Tandis que je préparais ma fuite, les massacres continuaient avec méthode dans les prisons et dans la rue. On vendait aux carrefours des listes de morts. J'appris que l'ancien ministre français des Affaires étrangères, le comte de Montmortin, très proche de notre ambassadeur, était parmi les victimes. Le 20 septembre, le canon tonna de nouveau, mais cette fois en signe de victoire. Novikoff m'annonça dans la soirée que, selon certaines rumeurs, les Français avaient repoussé les Prussiens à Valmy. Comme je m'en étonnais, il m'assura que cette péripétie ne changerait rien à l'issue de la guerre. Le lendemain de cette journée de liesse, la Convention nationale, réunie en grande pompe, proclama l'abolition de la royauté et l'institution de la république. Il y avait longtemps que l'idée était dans l'air. Maintenant, c'était chose faite. J'aurais dû m'en indigner. Mais ces bouleversements politiques ne m'atteignaient plus. J'étais déjà loin de la France. Du moins m'efforçais-je de le croire.

Je ne mettais toujours pas le nez dehors, mais j'observais la rue par l'interstice des rideaux. Rien n'avait changé en apparence. Néanmoins, je notai que des individus louches rôdaient, depuis peu, dans les parages. Sans doute notre ambassade était-elle surveillée par des mouchards. N'avaient-ils pas été placés là à l'instigation de Laure ?

La date de mon départ avait été fixée au dimanche 23 septembre 1792. Un fiacre devait venir me chercher pour me conduire aux Messageries, où je prendrais la diligence de Dieppe. Au moment de quitter l'ambassade, je remarquai que le nombre des passants, dans la rue de Gramont, avait augmenté. Aussitôt je compris que j'allais tomber dans un traquenard. Je n'aurais pas été surpris d'apprendre que Laure, tapie sous un porche, épiait mon arrestation. Le cœur me battait jusque dans la gorge. Aussi inquiet que moi, Novikoff eut subitement une idée saugrenue. Il courut décrocher des habits de femme qui pendaient dans une armoire et m'aida à les revêtir. Je me regardai dans une glace et la honte me saisit devant ce déguisement grotesque. Affublé d'une robe à rayures jaunes et vertes, coiffé d'un tricorne d'amazone en feutre gris à cocarde tricolore, j'avais l'air d'une virago révolutionnaire. J'aurais certes souhaité un dénouement plus glorieux à mon aventure française. Mais que ne ferait-on pour sauver sa peau ?

Les membres de l'ambassade se rendirent avec moi dans la chapelle. Le père Nicolas prononça une courte prière et me recommanda à Dieu pour le périlleux voyage que j'allais entreprendre. Après quoi, nous nous embrassâmes tous avec des soupirs.

– Ah ! je vous envie ! gémissait Novikoff. À quand notre tour ? Maudite France !…

Je sortis, le front bas, et m'avançai vers le fiacre qui m'attendait depuis près d'une heure.

Deux hommes à la mine fureteuse s'approchèrent de moi, puis s'éloignèrent, trompés par mon apparence. Ramassant mes jupes, je grimpai dans la voiture avec mon bagage. Quand l'attelage s'ébranla, je respirai de toute la poitrine et commençai à déboutonner mon corsage, qui me comprimait les côtes.

À ma demande, le cocher s'arrêta devant la porte du premier hôtel que nous rencontrâmes. Je louai une chambre, m'y enfermai un moment pour changer de vêtements et, redevenu un homme, pris place à nouveau dans la calèche. L'honorable « Robert Calmevat », de nationalité helvétique, était en règle avec les autorités. Mon phaéton ne parut nullement troublé par ma métamorphose. Sans doute, en ces temps agités, avait-il acquis l'habitude de ne s'étonner de rien. Quant à moi, ratatiné sur la dure banquette du fiacre, je me mis à envisager les obstacles que j'aurais encore à surmonter dans ce pays transformé en un gigantesque coupe-gorge. Le bruit des sabots du cheval sur les pavés rythmait la montée de mon angoisse. Je n'osais me montrer à la portière. Le trajet jusqu'à la maison des Messageries me semblait anormalement long. Les nerfs tendus, je ne songeais pas à retrouver au plus vite la Russie, mais à m'évader au plus vite de France. Soudain, j'eus l'impression d'être Louis XVI fuyant son royaume. M'arrêterait-on, comme lui, à quelque relais ?

TROISIÈME PARTIE

I

Le jour de mon arrivée à Saint-Pétersbourg, j'eus à peine le temps d'embrasser ma mère que déjà un messager de l'impératrice venait me chercher pour m'accompagner au palais. Comme de juste, j'avais averti Sa Majesté de la date probable de mon retour. Je me rendis auprès d'elle tel que j'étais, mal rasé, crotté, le vêtement chiffonné et la tête à l'envers. Mon voyage avait duré un mois, d'abord en bateau, puis en chaise de poste. Aucune fatigue, aucune tracasserie ne m'avait coûté durant cette expédition, tant j'avais hâte de regagner ma patrie. Enfin parvenu au terme de mes épreuves, j'étais tout étourdi par ma chance. Assis dans la calèche à côté de mon convoyeur, je regardais avec gratitude les façades des maisons, qui défilaient sagement, au pas du cheval, dans cette brume gris-mauve du matin, si caractéristique de la métropole du Nord. Nous étions vers la fin du mois d'octobre 1792. Une neige légère soulignait les moindres reliefs des monuments. La ville que j'avais quittée six ans plus tôt n'avait pas changé. Après le bouillonnement de Paris, j'étais émerveillé de retrouver la discipline rigide, le calme glacé de notre capitale. Tout, ici, paraissait solide, raisonnable, enraciné dans la tradition, la religion et la crainte de l'autorité policière. En France, on avait envie de bouger, de crier ; en Russie, de rester à sa place et de se taire. Rien qu'à contempler la rue, je comprenais que, chez nous, le bonheur et l'obéissance ne faisaient qu'un.

Quand je revis l'impératrice, trônant dans son cabinet de travail, je crus un moment que je m'inclinais devant une étrangère. J'avais gardé le souvenir d'une femme marquée par l'âge, certes, mais belle encore dans sa maturité, et c'était une grand-mère obèse, édentée, à l'œil vitreux qui m'accueillait derrière son bureau de marqueterie, aux bronzes contournés, celui-là même que j'avais connu autrefois. Elle me donna sa main à baiser et je découvris sur sa peau les taches marron de la vieillesse.

D'emblée, elle m'interrogea sur l'état actuel de la France. Tandis que je lui racontais de mon mieux les péripéties de mon séjour à Paris, elle se tournait, de temps à autre, vers son nouveau favori, Platon Zouboff, qui était assis à côté d'elle et tenait sur ses genoux un petit singe au museau plissé et à la longue queue velue. Comme tout le monde, je savais qu'après la disgrâce de Mamonoff, qui avait eu l'idée cocasse de se marier, et la mort du fastueux et tempétueux Potemkine, Sa Majesté n'avait pas renoncé au commerce des hommes. Mais celui-ci me parut d'une jeunesse et d'une désinvolture stupéfiantes. J'avais entendu dire que sa liaison avec l'impératrice durait depuis trois ans, qu'il l'avait littéralement envoûtée, qu'il dirigeait en sous-main nombre d'affaires d'État et que les solliciteurs les plus huppés se pressaient à sa porte comme dans l'antichambre d'un ministre. Pourtant, tout ce qu'on m'avait rapporté ne m'avait pas préparé à ce que je devinais en cette minute, face à l'éphèbe triomphant. Fluet de corps, la bouche menue et le regard froid, il était si manifestement à l'aise dans son rôle que je ne savais plus si c'était à lui ou à Sa Majesté que je devais plaire pour retrouver ma place à la chancellerie. Tout en déplorant qu'une si grande souveraine ne fût pas capable de maîtriser, à son âge, une dilection naturelle pour le sexe fort, je m'efforçai, dans mon discours, de m'adresser ensemble à l'impératrice et à son compagnon. Elle eut l'air touchée de la déférence que je marquais envers l'insolent Platon Zouboff. Sans doute, femme autant que tsarine, voulait-elle être approuvée dans le choix de ses amants comme dans celui de sa politique.

Lorsque j'eus fini mon exposé, elle laissa éclater sa fureur contre la révolution française et exprima une compassion quelque peu méprisante pour Louis XVI et Marie-Antoinette. À l'entendre, ils avaient construit leur malheur en se montrant trop attentifs aux exigences du peuple. Selon elle, et selon Platon Zouboff, qui acquiesçait à chacune de ses phrases, la monarchie ne se discutait pas, ne se divisait pas. Céder sur un point, c'était condamner l'édifice entier au vacillement et à la chute. Les grands responsables de ce désastre étaient, de toute évidence, les Encyclopédistes. Catherine II avouait à présent qu'elle regrettait son admiration d'autrefois pour ces démolisseurs de génie. Leurs œuvres, disait-elle, avaient formé le socle de la guillotine. D'ailleurs, en apprenant que la foule révolutionnaire avait transféré les cendres de Voltaire au Panthéon, elle avait ordonné de reléguer le buste de l'illustre écrivain dans un grenier du palais d'Hiver. Là, dans l'ombre et la poussière, il aurait tout loisir de méditer sur les tristes conséquences de son enseignement. Elle avait également interdit à ses sujets de nouer à leur cou ces grosses cravates « parisiennes » qui s'épanouissaient jusque sous le menton. Constatant que, suivant la mode française de ces dernières années, j'avais renoncé à la perruque et portais les cheveux coupés en rond, « à l'antique », elle dit :

— Cette coiffure ne vous sied guère. Laissez-la aux écervelés de France. Je suppose que vous souhaitez retrouver vos fonctions auprès de moi ?

— Ce serait mon vœu le plus cher, s'il plaisait à Votre Majesté, balbutiai-je, tremblant d'espoir.

— Alors, il faut que vous repreniez la perruque.

— Ce sera fait immédiatement !

— Quel âge avez-vous, maintenant ?

— Trente-sept ans, pour servir Votre Majesté.

À ce moment, le singe de Platon Zouboff bondit sur mon épaule et se mit à me tirailler les cheveux. Je ne pus réprimer une grimace, mais me gardai bien de chasser l'animal. Son maître et l'impératrice riaient de bon cœur. Le favori avait une denture blanche et régulière de carnassier. Celle de Sa Majesté comportait un vide au milieu. Quand elle ouvrait la bouche, elle avait dix ans de plus. Soudain, le ouistiti me pinça l'oreille, si fortement que je poussai un cri.

– C'est signe que Jacquot vous aime, dit l'impératrice. Peu de gens ont droit de sa part à une telle marque de familiarité.

Et, penchée vers son amant, elle ajouta :

– Notre ami Constantin Ivanovitch Chevezoff a une plume aimable, il connaît bien la France et mes secrétaires croulent sous le courrier en retard. Ne penses-tu pas qu'il ferait l'affaire ?

– Il ne coûte rien d'essayer, répondit Platon Zouboff d'une voix traînante.

Je me confondis en remerciements.

– J'espère, reprit l'impératrice, que vous n'avez pas contracté en France la maladie de la subversion !

– Tout au contraire, Votre Majesté ! m'écriai-je. J'ai pris en horreur les mouvements inconsidérés de la plèbe ! Ce que j'ai vu là-bas m'a guéri à jamais de mes rêves philosophiques !

Il y eut un silence. L'impératrice et son favori se consultaient du regard. Sortirais-je vainqueur de cet examen ? Le ouistiti continuait à me tripoter l'oreille, cependant qu'une odeur fétide me chatouillait le nez : Jacquot s'était soulagé sur mon épaule. Je ne bronchai pas.

– Parfait, dit enfin l'impératrice. Vous vous présenterez demain à la chancellerie. Vous connaissez les lieux. Le chef de mon secrétariat, cet excellent Khrapovitsky, se chargera de vous mettre au courant.

L'audience était terminée. Je sortis à reculons. Un laquais, accouru sur l'ordre de l'impératrice, s'empara de mon habit, nettoya les traces d'excréments sur le tissu et aspergea l'endroit souillé avec du parfum.

En quittant le palais, j'éprouvais une telle euphorie qu'il me semblait avoir retrouvé ma jeunesse. Mon aventure avec Laure était effacée. Je m'étonnais d'avoir cru l'aimer pendant si longtemps. Tout ce qui était français se détachait de moi comme les lambeaux d'un mauvais rêve. Je me sentais russe de la racine des cheveux à la plante des pieds. Rentré en grâce auprès de l'impératrice, je n'aspirais plus qu'à poursuivre, dans son ombre, une carrière de secrétaire dévoué.

L'appartement que j'occupais jadis avec ma défunte épouse ayant été attribué, après mon départ pour Paris, à un autre fonctionnaire du palais, je me réinstallai tout naturellement sur le même palier, chez ma mère. Ce retour aux habitudes de l'adolescence était à la fois ridicule et attendrissant. Loin de soupirer après la liberté de l'homme seul et indépendant, j'étais heureux à l'idée d'avoir quelqu'un à qui parler en revenant à la maison.

Lorsque ma mère sut que j'allais reprendre mon emploi de scribe auprès de Sa Majesté, elle m'invita à m'agenouiller à côté d'elle devant l'icône de sa chambre et nous priâmes tous deux pour remercier le ciel de l'immense faveur qui m'était échue. Après quoi, elle me posa cent questions, plus indiscrètes les unes que les autres. Bien entendu, je ne lui soufflai mot de ma liaison avec Laure. Étant par nature portée à la pruderie, elle n'eût pas apprécié la conduite licencieuse de son fils en pleine tempête révolutionnaire. En revanche, je lui parlai longuement de notre infortuné Joseph Proutier et elle fut consternée en apprenant combien sa fin avait été atroce. Elle m'avoua que, durant cette dernière année, elle avait constamment tremblé pour ma vie. Seule une intervention divine pouvait expliquer, selon elle, que j'eusse réussi à fuir ce pays passé à l'Antéchrist. Ici, je renouerais avec l'ordre et la sécurité. Peut-être même songerais-je enfin à prendre femme ? Je la détrompai sur ce point.

– N'aurais-tu pas quelque Française en tête ? me demanda-t-elle soudain, le regard aigu.

– Non, non, répondis-je en riant. Sois tranquille !

– J'ai eu si peur que tu ne t'amouraches là-bas d'une de ces Parisiennes coquettes et sans religion !

Son inquiétude m'amusait. Je la trouvais à la fois très vieille et très naïve. Une petite fille qui aurait collé sur son visage un masque de fatigue et de rides. Comment avais-je pu me passer d'elle, en France ?

Dans l'après-midi, je fis quelques visites à des amis, qui tous me félicitèrent d'avoir échappé à l'enfer parisien. Et, dès le lendemain, je pris mon service auprès de Khrapovitsky, que je connaissais de longue date et dont l'accueil bienveillant me rassura sur mon avenir dans l'administration impériale.

Au secrétariat, nous suivions de près les événements de France. Quand nous apprîmes que Louis XVI comparaissait en accusé devant la Convention nationale, je compris qu'il était perdu.

— Faire un procès au roi, ces Français ont toutes les audaces ! s'exclama Khrapovitsky. Heureusement, il est défendu par de bons avocats !

— Ces avocats, quel que soit leur talent, échoueront dans leurs plaidoiries, dis-je. Les révolutionnaires ne sauraient accepter aucune excuse, aucune circonstance atténuante. Derrière de grands principes, se cache chez eux une haine farouche pour l'ordre ancien !

— Mon Dieu, mon Dieu ! soupira Khrapovitsky en levant les yeux au plafond. Comment notre chère souveraine va-t-elle supporter ce nouveau coup ? Si le roi de France est condamné, elle est capable de tomber malade !

Ce fut exactement ce qui se passa. À l'annonce de l'exécution de Louis XVI, en janvier 1793, l'impératrice éprouva un tel saisissement qu'elle dut se mettre au lit. Elle se faisait une trop haute idée de l'autocratie pour ne pas ressentir cette mort ignominieuse d'un monarque chrétien comme un affront à sa propre dignité. Certes, elle avait conquis le trône par des voies illégales et plusieurs cadavres, dont celui de son mari, jalonnaient son parcours vers les sommets. Cependant, depuis la révolution de palais qui l'avait portée au pouvoir, elle s'était toujours érigée en gardienne de la tradition monarchique. Sa légitimité lui venait, en quelque sorte, du succès de son entreprise et de la durée de son règne. Le peuple de Paris, assemblé pour voir tomber la tête du roi de France, était dans son esprit l'incarnation hideuse du danger qui menaçait toute l'Europe.

Malade de dégoût, de chagrin, elle garda la chambre plusieurs jours, ne recevant à son chevet que Platon Zouboff. Puis elle reparut, la figure pétrifiée, le pas incertain. Khrapovitsky et moi-même lui présentâmes les projets de réponses aux dernières lettres qu'elle avait reçues. Elle les approuva, les signa et ordonna que la cour prît le deuil de Louis XVI pour une semaine. Dans les rares conversations que j'avais tête à tête avec elle, elle vitupérait surtout le duc d'Orléans, devenu par calcul un révolutionnaire farouche sous le nom de Philippe Égalité et qui avait osé voter la mort du roi, son cousin. Peu après, elle publia un oukase qui imposait aux Français résidant en Russie de prêter sur les Évangiles un serment par lequel ils proclamaient leur haine de la révolution scélérate, leur désaveu du régicide, leur respect de la religion et leur fidélité au futur souverain que la France ne manquerait pas de se donner au terme de ces événements funestes. Menacés d'expulsion immédiate s'ils refusaient d'accomplir cet acte d'allégeance, les émigrés d'origine française se précipitèrent à l'église catholique et au temple. Toutes les importations de marchandises françaises furent bientôt interdites. Non seulement aucun journal, aucun livre français ne pouvait plus franchir la frontière, mais les libraires durent remettre à la police, en vue d'un examen rigoureux, les publications et les estampes françaises qu'ils avaient en magasin. Si le Théâtre français demeura ouvert, les représentations en furent surveillées de près et, dès qu'une réplique était jugée trop libérale par le mouchard installé au parterre, la pièce était retirée de l'affiche. Même La Harpe, le sage précepteur des grands-ducs Alexandre et Constantin, ne se maintint à son poste qu'en feignant d'être horrifié lui aussi par les excès de la révolution française. Quant à l'écrivain et publiciste Novikoff[1], soupçonné de vouloir répandre en Russie la doctrine des francs-maçons, il fut arrêté sur l'ordre de Sa Majesté et emprisonné dans la forteresse de Schlüsselburg.

Par ailleurs, l'impératrice ayant pris connaissance d'une tragédie posthume du poète Kniajnine, éditée par les soins de la présidente de l'Académie russe, la princesse Dachkoff, le texte lui parut entaché d'allusions aux théories républicaines et elle en fit brûler tous les exemplaires par le bourreau. Indignée par cet autodafé, la

1. Ne pas confondre avec son homonyme, le chargé d'affaires de Russie en France.

princesse Dachkoff tenta de se justifier devant Catherine II et, reçue par elle avec un extrême dédain, démissionna de la présidence de l'Académie. En 1790 déjà, Radichtcheff avait eu le tort de dénoncer, dans son pamphlet *Voyage de Saint-Pétersbourg à Moscou,* les cruautés du servage et de préconiser la libération des paysans par un acte généreux de la souveraine. Scandalisée par l'audace de cet écrivaillon qui prétendait lui donner des leçons de gouvernement, l'impératrice me déclara un jour que Radichtcheff, en raison même de son talent, était « plus dangereux que le bandit Pougatcheff ». Condamné à mort, il avait bénéficié de la grâce impériale et, après avoir reçu le knout, été déporté pour dix ans en Sibérie.

Tout en approuvant le solide barrage opposé au flot des idées françaises, je ne pouvais m'empêcher de trouver qu'il y avait quelque danger, pour la Russie, à s'isoler ainsi du monde occidental. Il est vrai qu'en France notre tsarine bien-aimée était ridiculisée, insultée dans les journaux, et elle le savait. Celle que les publicistes parisiens appelaient « la Messaline du Nord » avait jeté toute son autorité morale dans le combat contre le pays de la guillotine. Bien qu'elle s'abstînt de participer ouvertement à la guerre aux côtés des coalisés, elle accueillait avec enthousiasme le comte d'Artois, frère de Louis XVI. Sans doute estimait-elle très flatteur qu'un Bourbon vînt chercher refuge à sa cour. Chatouillée dans son amour-propre, elle voulait que les pompes du palais d'Hiver fussent aussi éclatantes que celles du château de Versailles. Aidée de Platon Zouboff, elle donnait fête sur fête pour honorer ce fils de France, lieutenant général d'un royaume à l'abandon. Elle lui versa un million de roubles pour ses frais de campagne, lui promit encore quatre millions s'il passait rapidement à l'action et, après lui avoir remis une épée symbolique, lui recommanda de partir pour l'Angleterre où il trouverait les meilleurs appuis. En vérité, ayant procédé au partage de la Pologne, elle souhaitait conserver toutes ses troupes sous la main et réserver à l'Autriche et à la Prusse le soin d'étouffer « l'hydre rouge ». Ce fut avec joie qu'elle apprit la « trahison » de Dumouriez, le soi-disant « vainqueur de Valmy », qui venait de rejoindre les rangs de l'émigration, puis l'arrestation de plusieurs dizaines de girondins, enfin l'assassinat de l'immonde Marat par Charlotte Corday. Parlant de cette intrépide jeune fille, elle me dit : « C'est une sainte ! Elle aurait mérité d'être russe ! »

Autour de l'impératrice, les émigrés français crépitaient d'impatience. Beaucoup de grands noms et peu de grands esprits. Tous ces déracinés se consultaient, s'épiaient, se jalousaient, s'agitaient, conspiraient, papotaient, et je ne savais si je devais les plaindre pour leur triste sort de réfugiés ou les mépriser pour leur légèreté, leur vanité, leur arrogance parfumée et poudrée. En quelques mois, la capitale de la France s'était transportée à Saint-Pétersbourg.

Il m'arrivait souvent de penser à Laure. Je me demandais ce qu'elle était devenue dans un Paris où ses amis maintenant faisaient la loi. Pour apaiser mes scrupules d'avoir brutalement rompu avec elle, je me disais qu'elle devait prospérer dans cette société nouvelle si conforme à ses vœux. Peut-être même était-elle aujourd'hui la maîtresse d'un personnage influent de la Convention ? Elle était capable de tout ! En dressant le bilan de notre aventure, je constatai qu'à des mois de distance j'étais encore subjugué par les ressources amoureuses de son corps et épouvanté par la noirceur de son âme. Ce souvenir s'effaça peu à peu au contact de femmes aussi charmantes qu'elle, mais plus simples. Renouant avec mes habitudes d'autrefois, j'eus de brèves liaisons avec des cameristes de Sa Majesté. Toutes m'amusèrent ; aucune n'encombra ma vie. Entre elles et moi, il s'agissait d'un jeu frivole et savoureux, non d'une passion exclusive. Et cette vacance du cœur me reposait de la tornade que j'avais connue aux côtés de Laure.

Le 28 septembre 1793, il y eut un événement considérable à la cour : le mariage du grand-duc Alexandre, le petit-fils préféré de l'impératrice, âgé de seize ans à peine, et de la jolie princesse Louise de Bade, qui en avait quinze. Émerveillée par sa chance, la fiancée avait appris quelques mots de russe et reçu le baptême orthodoxe sous le nom d'Élisabeth Alexeïevna. L'impératrice jouissait de l'innocent bonheur du jeune couple, comme si cette union eût constitué le fait majeur de son règne. J'eus l'insigne privilège d'assister à la cérémonie religieuse dans la grande église du palais d'Hiver. La Russie venait de terminer heureusement trois guerres : contre la Suède, contre la Turquie, contre les rebelles polonais. Nombre de généraux chamarrés se pressaient dans la nef, parmi les courtisans habituels. Il y avait là aussi des Suédois admirateurs de notre souveraine, des magnats de Pologne, des khans tatars, des pachas turcs, des députés moldaves. Le monde entier semblait s'être donné rendez-vous pour honorer Catherine la Grande. C'était sur elle et non sur les fiancés que se concentraient tous les regards. Vue de loin, Sa Majesté m'apparut, sous sa couronne d'or et de diamants, comme une idole inaccessible, figée dans la lumière froide et solennelle de l'Histoire. Elle n'avait plus d'âge. Elle était éternelle. Je me dis que, ma vie durant, j'avais été, sans le savoir, amoureux d'elle et que, même vieille, elle continuait de me troubler. N'était-ce pas elle, avec sa volonté, sa dureté, son despotisme gracieux, que j'avais cherchée dans les bras de Laure ? J'en arrivais presque à envier Platon Zouboff, qui acceptait les laideurs de l'accouplement avec une femme de soixante-quatre ans pour la joie de respirer seulement l'air de sa chambre.

Le prêtre psalmodiait les prières liturgiques, le chœur chantait à pleine voix, les fumées de l'encens s'élevaient vers les images saintes de l'iconostase, les garçons d'honneur brandissaient les couronnes nuptiales au-dessus de la tête des fiancés, et je me sentais fier et joyeux comme si cette fête n'eût pas été un simple mariage princier, mais quelque chose de plus important, de plus mystérieux : la communion d'un peuple avec celle qui le guidait depuis tant d'années. Des salves d'artillerie et des sonneries de cloches m'éveillèrent de mon mirage. Quand je rentrai à la maison, je dis à ma mère :

– J'ai assisté au second couronnement de notre impératrice !

Quelques jours plus tard, nous apprîmes que Marie-Antoinette venait de subir le même sort que son royal époux. Les détails que donnait le rapport de l'agent secret étaient horribles : le transfert en charrette vers la place de la Révolution, au milieu des clameurs injurieuses de la foule, la montée à l'échafaud, le choc du couperet, la tête tranchée que le bourreau avait saisie par les cheveux pour la présenter au peuple… Cette fois, l'impératrice accueillit la nouvelle avec un stoïcisme effrayant. Pas un muscle de son visage ne bougea, tandis que Khrapovitsky lui lisait la dépêche. Présent dans le bureau en cette minute, je glissai un regard vers Platon Zouboff. Debout derrière le fauteuil de Catherine II, il avait posé une main sur son épaule. Était-ce un geste de compassion, de protection ? Elle n'en avait pas besoin. Lentement, elle se leva et se dirigea vers la fenêtre.

– Ouvre, dit-elle à Platon Zouboff.

– Mais je me permets de faire observer à Votre Majesté qu'il fait très froid dehors. Votre Majesté risque de s'enrhumer et elle sait qu'elle a les poumons fragiles…

– Ouvre, répéta-t-elle.

Les doubles fenêtres avaient déjà été mises en place pour l'hiver. Vite, des laquais déposèrent les châssis. On ouvrit une croisée à deux battants. Un vent glacial s'engouffra dans la pièce. Des papiers s'envolèrent de la table. L'impératrice se tenait maintenant toute droite, dans l'embrasure. Une mèche de cheveux bougeait sur son front.

– Après cette infection, j'ai besoin de respirer l'air pur de la Russie, murmura-t-elle.

Elle resta un long moment les yeux clos, une main sur la poitrine. Puis elle revint, d'un pas raide, à son bureau, s'assit pesamment et, tournée vers moi, demanda avec calme :

– Avez-vous préparé ma réponse à ce vieux coquin de Grimm ?

II

Bien que cantonné dans des travaux d'écriture, le groupe de secrétaires dont je faisais partie était très proche des préoccupations intimes de l'impératrice. Moi-même, chargé de son courrier personnel, il me semblait parfois que ses joies, ses tristesses, ses colères me touchaient davantage que les fluctuations de ma propre existence. Je la plaignais d'avoir de si graves soucis dans sa famille. Elle détestait son fils, le grand-duc Paul, qui vivait, sombre, irrité et grotesque, dans son château de Gatchina. Là, il donnait libre cours à sa passion de la discipline militaire, faisait manœuvrer ses soldats habillés à la prussienne, dénigrait l'âme russe, la culture russe et énonçait à tout propos la supériorité de l'Allemagne sur les autres pays européens. Dominé par son idée fixe, il terrorisait aussi bien sa femme et ses enfants que ses domestiques et ses officiers. Quant à sa mère, il la méprisait pour ses amours d'arrière-saison et souhaitait ouvertement sa perte.

Instruite des dispositions d'esprit de ce dangereux maniaque, Catherine II ne pouvait se résigner à l'idée qu'il régnerait un jour sur la Russie. À plusieurs reprises, elle avait laissé entendre à Khrapovitsky qu'elle se sentirait coupable devant Dieu et devant la nation si elle ne modifiait pas, de son vivant, l'ordre de dévolution de la couronne. Son plan était d'écarter Paul du trône et de proclamer qu'elle avait choisi pour successeur le jeune et généreux Alexandre. Malheureusement, celui-ci, conseillé par son précepteur La Harpe, manifestait une répugnance croissante pour le métier de souverain. Il affirmait en public, avec un regard tendre, qu'il haïssait le despotisme, le décorum, les intrigues de cour. Tout en condamnant les débordements de la révolution française, il estimait que la « Déclaration des droits de l'homme » témoignait des plus nobles intentions et que bien des gouvernements autocratiques eussent gagné à s'en inspirer dans la conduite de leurs affaires. Son rêve, disait-il – et je l'ai entendu de mes propres oreilles –, était de se retirer à la campagne et d'y couler des jours paisibles auprès de son épouse. Ainsi, à la place d'un futur tsar aux vastes desseins, ses interlocuteurs stupéfaits découvraient-ils un honnête bourgeois, soucieux de cultiver les vertus domestiques. Tout cela était incontestablement dû aux théories de La Harpe. Incorrigible utopiste, il avait étouffé chez son élève le goût de l'action sous une avalanche de discours à la Jean-Jacques Rousseau. En tout état de cause, il était absurde que, une fois marié, Alexandre continuât de prendre des leçons auprès de son précepteur. D'autant que celui-ci, touchant la corde de l'amour filial, le poussait maintenant à se rapprocher de son père. Le temps était venu de mettre le holà à cette entreprise de libéralisme sentimental. Ayant convoqué La Harpe, Catherine II lui signifia sèchement son renvoi. Cette sentence désespéra Alexandre. Le matin où il apprit la nouvelle, je le vis sortir en larmes, hoquetant presque, du bureau de sa grand-mère.

Pourtant, il ne lui tint pas rigueur de l'avoir privé de son maître. Son cœur était si doux, son caractère si malléable qu'il préférait subir plutôt que de se révolter. Il avait toujours eu un pied dans chaque camp. Ainsi je savais qu'il était outré par la liaison sénile de l'impératrice, mais cela ne l'empêchait pas de rechercher l'amitié du favori. Bien mieux, il acceptait que Platon Zouboff fît ouvertement la cour à sa femme. L'impudent la poursuivait de ses assiduités, recherchait les tête-à-tête, envoyait des billets galants, esquissait des caresses. Tout le monde s'en apercevait au palais, mais ni la grande-duchesse, ni son jeune mari n'osaient éconduire un personnage aussi important. Quant à Sa Majesté, elle feignait de s'amuser à voir son amant papillonner autour d'une péronnelle. Néanmoins, j'étais sûr qu'elle souffrait, en secret, de cette rivalité humiliante.

Un soir, elle se mit en tête de piquer l'amour-propre de Platon Zouboff. Elle n'avait que l'embarras du choix pour le remplacer. Je me demande encore pourquoi elle décida de jeter son dévolu sur moi. Alors que je m'apprêtais à quitter la chancellerie, elle me fit appeler par un laquais et, m'ayant toisé de haut en bas, me pria de me tenir prêt à la rejoindre dans sa chambre après le souper qu'elle devait donner en l'honneur de je ne sais quel ministre suédois. Elle avait, disait-elle, deux ou trois lettres de caractère privé à me dicter avant de se mettre au lit. Platon Zouboff, devant qui elle m'annonça cette convocation, eut, en me regardant, un sourire narquois. Visiblement, il ne craignait pas la concurrence.

On me servit une collation dans un petit salon attenant à la salle à manger d'apparat où se déroulait le banquet officiel. La perspective de l'épreuve qui m'attendait me nouait l'estomac. Je ne pus rien avaler et me contentai de boire deux verres de vin du Rhin qui m'échauffèrent agréablement sans me stimuler. Quoi qu'il fasse, aux approches de la quarantaine, un homme n'a plus le même ressort qu'à vingt ans. Mais peut-être s'agissait-il réellement d'une simple séance de travail ? Peut-être n'aurais-je pas à faire la démonstration de ma vigueur ? À cette idée, je me sentais à la fois rassuré et déçu.

De l'autre côté du mur, un orchestre jouait, de la vaisselle tintait, des voix s'interpellaient gaiement. Un valet desservit le guéridon sur lequel il avait disposé mon couvert et moucha plusieurs bougies du candélabre, n'en laissant qu'une pour m'éclairer. Tapi dans la pénombre, je commençais à trouver le temps long.

Vers onze heures du soir, il se fit un grand brouhaha derrière la porte. Sans doute l'impératrice prenait-elle congé de ses invités, au milieu des congratulations et des révérences. Peu après, un laquais vint me chercher pour me conduire dans les appartements particuliers de Sa Majesté.

La chambre où je pénétrai était vide. Un vaste lit à baldaquin en occupait le fond. Les murs, tendus de damas bleu, s'ornaient de nombreux tableaux aux cadres dorés et au vernis luisant. Des tapis persans recouvraient presque complètement le parquet. Un haut poêle de faïence dispensait à la pièce une chaleur égale. On entendait craquer les bûches dans le foyer. L'air sentait le benjoin et le musc.

Soudain, une portière de tapisserie se souleva, juste devant moi, et la tsarine parut. Elle était vêtue d'un peignoir de voile blanc, aux larges plis, qui s'arrêtait à mi-chevilles. Sous ce nuage transparent, son corps semblait encore plus massif et plus difforme que d'habitude. Le flot de ses cheveux gris dénoués lui tombait jusqu'aux reins. Elle se dandinait et haletait en marchant à ma rencontre. Je remarquai que ses mules de velours rose étaient bosselées par les oignons de ses deux gros pieds noueux. Une peur panique me saisit à la vue de cette aïeule amoureuse. J'avais beau me répéter que mon avenir, ma carrière, ma fortune dépendaient de ma capacité à satisfaire une femme sur le retour, rien ne bougeait en moi, mes muscles étaient de coton. Quand l'impératrice fut tout près de moi, je me crus perdu. Mais déjà elle m'indiquait une chaise et s'asseyait elle-même dans un fauteuil, avec un grand soupir. Je compris qu'elle ne songeait pas, pour le moment du moins, à m'imposer le « galop d'essai » que je redoutais. Sans doute ne m'avait-elle fixé ce rendez-vous que pour agacer Platon Zouboff et le contraindre à lui revenir, inquiet et repentant. Je n'étais qu'un vulgaire appât, un leurre.

– Je n'ai pas sommeil, dit-elle. Tu vas me tenir compagnie un instant.

Cette simple phrase acheva de me rassurer.

– Ce sera un honneur pour moi, Votre Majesté, balbutiai-je.

– Laissons là ces salamalecs ! Es-tu capable d'avoir avec moi une conversation aussi franche que si je n'étais pas ta souveraine ?

– Certainement, si tel est le souhait de Votre Majesté !

– J'ai tant de soucis à l'heure actuelle ! On me harcèle de tous côtés !

– Je le sais, Votre Majesté. Chargé de votre correspondance particulière, je suis bien placé pour mesurer l'étendue de vos responsabilités…

L'impératrice me remercia d'un sourire édenté. Nous échangeâmes quelques propos anodins sur les dernières nominations à la cour, puis elle en vint au sujet qui lui tenait le plus à cœur : les hésitations de son petit-fils Alexandre devant l'éventualité d'une prochaine accession au trône. Le frère cadet d'Alexandre, le grand-duc Constantin, était un personnage bourru, borné et incompétent. Son père, Paul, risquait, par ses foucades, d'entraîner le pays dans les pires catastrophes. Seul Alexandre avait l'étoffe d'un chef d'État. Pourquoi diable jouait-il à cache-cache avec son destin ? Comment le décider à prendre conscience du rôle admirable qui l'attendait, s'il voulait bien y consentir, à la tête de la Russie ? Sa femme, la douce Élisabeth Alexeïevna, ne l'aidait guère à se dépêtrer de ses rêves. J'approuvai l'analyse de Sa Majesté et lui suggérai respectueusement de ne plus heurter le grand-duc dans son engouement pour les doctrines libérales, mais de lui représenter que, si c'était son père qui accédait au trône, il s'opposerait furieusement à toute réforme, alors que, si c'était lui, Alexandre, il saurait appliquer, dans la conduite de son peuple, les sages préceptes de La Harpe. Ainsi, contrairement à la hideuse révolution française, démontrerait-il qu'un monarque éclairé pouvait travailler au bonheur de ses sujets sans ébranler pour autant les assises de l'empire.

— Tu n'es pas sot ! me dit l'impératrice. Il faut, en effet, le persuader qu'il est destiné à réaliser en Russie l'idéal français, mais sans effusion de sang, et qu'il n'a pas le droit de se dérober à une si noble mission pour des motifs personnels. Il a du cœur, il m'écoutera…

Elle réfléchit un moment et ajouta :

— J'ai souvent pensé moi-même que tout n'était pas à rejeter dans les élucubrations des têtes brûlées de France. Mais, dès qu'on les met en pratique, les grandes idées aboutissent au carnage. Le tort des partisans de la révolution française a été de vouloir tout changer à la fois, les institutions et les âmes. C'est impossible. Il faut procéder par petites étapes, laisser au temps le soin de préparer les esprits à une nouvelle vision du monde... En Russie surtout, l'évolution ne peut être que très lente, très prudente. Notre peuple est engourdi par la tradition et la religion. Le réveiller brutalement serait une erreur fatale. En renversant les barrières de la morale, de la foi et de l'autorité, on déchaînerait les plus vils instincts de la foule. Les moutons deviendraient des fauves. Dieu préserve notre pays d'une liberté octroyée sans apprentissage, au nom de je ne sais quelles considérations humanitaires ! Il est bon d'aimer les petites gens, il est mauvais de leur laisser la bride sur le cou !

C'était la première fois que l'impératrice me parlait aussi longuement et sur un thème aussi grave. De plus, elle me tutoyait de nouveau. Je n'avais donc pas perdu son estime. Notre entretien, dont chaque mot est resté gravé dans ma mémoire, se déroulait en français. La voix de mon interlocutrice avait gardé, de son enfance, un rude accent germanique. Pourtant, il m'était difficile de me rappeler que cette femme, qui incarnait si bien la gloire de la Russie, avait été, à l'origine, une petite princesse allemande, une exilée au milieu d'une cour étrangère dont elle ignorait la langue. Il me sembla soudain qu'elle me confiait sa philosophie du pouvoir parce qu'elle sentait que sa fin était proche.

– De toute façon, que Votre Majesté se rassure : il est beaucoup trop tôt pour envisager les modalités de sa succession, hasardai-je.

– Ne crois pas cela, Constantin Ivanovitch. Je suis bien lasse. Et je ne veux pas disparaître avant d'être sûre que l'héritier de la couronne, quel qu'il soit, continuera mon œuvre. Il importe de mettre de l'ordre dans ses papiers lorsqu'on est sur le point de partir. Autrement, après vous, c'est la foire d'empoigne. Quoi qu'il en soit, j'ai la conscience tranquille. Tout au long de mon règne, je n'ai eu qu'un souci : la grandeur de la patrie.

Ces mots, elle les prononça avec tant de ferveur qu'aujourd'hui encore je suis fier d'avoir pu les entendre. Puis elle avança la main et, dans un geste maternel, me flatta la joue :

– Tu es un brave garçon. Tu sais écouter…

Je baisai le bout de ses doigts. Ils étaient parfumés non plus au lait d'amandes, comme autrefois, mais à la violette. Était-ce un signe d'évolution de ses goûts olfactifs et autres ? Ma chance m'étourdissait. La pendule de la cheminée marquait trois heures du matin. L'impératrice agita une sonnette d'argent. Aussitôt, une soubrette lui apporta son verre de sirop d'orgeat pour la nuit et lui demanda si elle désirait se coucher instantanément.

– Non, dit la tsarine. Un peu plus tard. Je t'appellerai.

La servante ne paraissait nullement surprise par la présence d'un homme dans la chambre de Sa Majesté. Elle fit la révérence et se retira, tandis que l'impératrice portait le verre à ses lèvres. Je la regardai boire et songeai qu'elle ressemblait à cette vieille lionne à demi pelée que j'avais vue à Paris, dans la ménagerie d'un montreur de fauves. Ses paupières s'abaissèrent. Elle respirait par saccades.

– À présent, tu vas partir, murmura-t-elle enfin. Ne répète à personne ce que je t'ai dit ce soir. Notre existence, à nous les grands, est un spectacle. Il peut nous être agréable, de temps en temps, de poser le masque. Mais il ne faut pas que les autres le sachent.

Je rentrai à la maison, bouleversé de reconnaissance. Contre toute logique, mon bonheur était celui d'un amant comblé. En entendant mon pas dans le vestibule, ma mère, qui ne dormait que d'un œil, sortit de sa chambre, en chemise et bonnet de nuit, le chandelier à la main :

– J'étais inquiète ! D'où viens-tu ?

– Du palais. J'étais auprès de Sa Majesté…

Elle sourit et me menaça d'un doigt coquin, comme lorsque j'étais enfant :

– J'en étais sûre ! C'est bien, Constantin ! Maintenant, il faut te cramponner ! Les jaloux vont s'ingénier à te mettre des bâtons dans les roues !

Je me dépêchai de la détromper :

– Que vas-tu imaginer, maman ? Sa Majesté m'a simplement retenu pour finir un travail urgent sous sa surveillance. Puis nous avons parlé, parlé à cœur ouvert, en oubliant l'heure…

– C'est peut-être mieux ainsi ! soupira ma mère.

Et, m'ayant embrassé, elle retourna tranquillement se coucher.

Le lendemain, ma vie au palais reprit comme par le passé. Platon Zouboff, sans doute alarmé par ma brève incursion dans la chambre de Sa Majesté, renonça à importuner la grande-duchesse Élisabeth Alexeïevna et se montra de nouveau assidu auprès de l'impératrice. Celle-ci lui en témoigna une telle reconnaissance que je la plaignis, à part moi, d'être dupe, à son âge et dans sa situation, des manœuvres de cet intrigant sans scrupules. Elle le dévorait du regard, le chargeait des missions les plus délicates et proclamait que c'était grâce aux conseils de son mentor qu'elle arriverait à régler l'affaire polonaise.

En vérité, au-delà des frontières, c'était encore l'embrouillamini. Après un deuxième partage de la Pologne, les troubles recommençaient dans ce malheureux pays qui, malgré la direction paternelle du prince Stanislas Poniatowsky, que Catherine II avait jadis installé sur le trône, s'obstinait à refuser la tutelle russe. Chassés de Varsovie et de Cracovie par des bandes d'insurgés sous le commandement du général Kosciuszko, les Russes n'avaient pas tardé à se ressaisir. Le terrible et génial Souvoroff avait écrasé les rebelles, capturé leur chef et repris Varsovie après des combats sanglants. Catherine II exultait, car, disait-elle, en ramenant les Polonais à la raison, elle s'opposait à l'extension de la révolution française.

De ce côté-là cependant, les nouvelles étaient moins bonnes. Les fous furieux de Paris ne désarmaient pas. Mues par un sentiment patriotique tout à fait surprenant, les troupes françaises, composées de gueux, tenaient tête aux coalisés et parfois même remportaient sur eux d'éclatantes victoires. Ces succès militaires s'accompagnaient, à l'intérieur du pays, d'une recrudescence de dénonciations et de massacres. On modifiait le calendrier, on donnait aux mois des noms poétiques, on adorait la déesse Raison, mais on coupait les têtes. Selon les rapports que nous recevions de nos agents secrets, les tribunaux révolutionnaires siégeaient sans désemparer. Le symbole de la nation française n'était plus l'arbre de la Liberté, mais la guillotine. Instituée par Robespierre et ses amis, la Terreur étendait ses ravages à toutes les classes de la population, si bien que personne, à présent, ne pouvait plus se prétendre innocent. Enfin, juste retour des choses, « l'Incorruptible », ce fanatique sanguinaire, et la clique des robespierristes gravirent à leur tour les marches de l'échafaud. La même foule qui les avait ovationnés les conspuait et réclamait leur mort. De bourreaux, ils devenaient victimes. À mes yeux, la France n'était plus qu'une arène où les chiens enragés s'entre-dévoraient au milieu des aboiements de la meute. Comme on était bien en Russie par comparaison avec cette terre livrée à la démence ! Ici, je me sentais en sécurité, je ne manquais de rien et je collectionnais les petites conquêtes féminines dans l'antichambre de l'impératrice.

En apprenant l'exécution de Robespierre, Sa Majesté tressaillit de joie et ordonna une messe d'actions de grâces. Cependant, la révolution continuait, chaotique et absurde. Après avoir décapité la Commune, la Convention reprenait en main les affaires de l'État. On transférait les corps de Marat et de Jean-Jacques Rousseau au Panthéon, on célébrait, sur le Champ-de-Mars, les victoires de la République.

À quelque temps de là, nous reçûmes à la chancellerie un billet de Malvoisin, qui m'était personnellement destiné. Il m'annonçait, en quatre lignes, la mort de la citoyenne Laure Jouhanneau, dont je lui avais souvent parlé. Elle avait été guillotinée le 29 juillet 1794, avec de nombreux partisans de Robespierre. Je relus trois fois cette information laconique, sous l'œil attentif de Khrapovitsky. Une fontaine de sang m'éclaboussa soudain. Laure, nue et sans tête, me reprochait de l'avoir abandonnée. Le cœur soulevé d'horreur, je prétextai un malaise pour quitter le bureau avant l'heure et rentrai chez moi.

Ma mère était absente. Notre jeune servante chantonnait dans la cuisine. Je m'affalai de tout mon poids en travers du lit. Couché sur le dos, les yeux au plafond, j'essayai de me rappeler le visage, la voix de Laure. Cependant, plus je m'acharnais à préciser son souvenir, plus il me fuyait, comme balayé par un vent furieux. Je revivais les péripéties de notre existence commune, mais ne pouvais retrouver en moi la couleur de son regard, la musique de son rire, le parfum de sa peau. J'avais accompli un tel effort jadis pour l'arracher de ma pensée que je me découvrais maintenant appauvri, frustré, avec, pour tout bagage sentimental, un fantôme incolore et muet. Comment se faisait-il que je n'eusse rien gardé de cette femme, alors que je l'avais tant désirée, tant caressée ? Peu à peu, je me calmai. Mon inquiétude, mes remords me parurent hors de saison. La vie reprenait ses droits avec l'inexorable régularité de la marée recouvrant un banc de sable. Certes, je n'avais pas remplacé Laure. Mais avais-je encore besoin d'une vraie maîtresse, puisque je ne manquais pas d'exquises partenaires pour mes ébats et que l'impératrice m'honorait plus que jamais de son attention ?

III

Si, pour les historiens, le début de 1796 fut marqué par la folle expédition que Platon Zouboff déclencha contre la Perse, pour moi le trait dominant de l'hiver restera un cadeau que l'impératrice m'offrit lors de la présentation des vœux de Nouvel An. M'ayant reçu sans témoin dans son bureau, le 1er janvier, elle me remercia de mes souhaits de réussite politique et de bonne santé et m'annonça que, pour me récompenser de mes loyaux services, elle me faisait don de cinq villages et de sept cent cinquante-trois serfs dans le gouvernement de Novgorod. Je crus à un rayon de soleil perçant la couche épaisse du brouillard. Comme mes parents avaient été obligés de vendre autrefois toutes leurs terres et tous leurs paysans pour payer nos dettes, je fus inondé de bonheur en apprenant que, grâce à Sa Majesté, nous allions redevenir d'honorables propriétaires fonciers. Je tombai à genoux devant ma bienfaitrice et l'assurai de mon indéfectible dévouement à la cause de la monarchie.

Le fait que Platon Zouboff n'assistât pas à l'entretien me permettait de mieux apprécier encore la distinction dont je venais d'être l'objet. Bien que je n'eusse jamais accédé au lit de la tsarine, je bénéficiais des mêmes largesses – toutes proportions gardées – que certains de ses favoris. Que pouvais-je espérer de plus ?

Elle me fit signe de me relever, de m'asseoir en face d'elle et, comme la nuit où elle m'avait accueilli dans sa chambre, s'entretint avec moi des soucis que lui causait sa famille. Nous parlâmes, bien entendu, des tergiversations d'Alexandre, qui tantôt acceptait l'idée de succéder à sa grand-mère, tantôt se dérobait derrière le dos de son père en arguant de son respect filial. Agacée par les hésitations de son petit-fils, Catherine II avait pris sa décision et rédigé, en secret, un manifeste le nommant héritier de la couronne. Ce document, elle l'avait, disait-elle, enfermé dans une cassette dont elle seule possédait la clef. Quoi qu'il advînt, elle le rendrait public au début de la prochaine année.

– Pourquoi Votre Majesté ne le ferait-elle pas dès maintenant ? demandai-je.

– À quoi bon se presser ? répondit-elle. Notre Alexandre n'est pas encore capable d'évaluer les avantages du sort exceptionnel que je lui réserve. Laissons-lui le temps de s'habituer à l'idée du pouvoir. Et puis, je veux régler d'abord cette charmante affaire suédoise…

Je savais que l'impératrice avait résolu de fiancer l'aînée de ses petites-filles, la grande-duchesse Alexandra Pavlovna, âgée de treize ans, au jeune roi Gustave IV de Suède, qui en avait dix-huit. Cette union devait, dans son esprit, aplanir les quelques aspérités politiques qui subsistaient encore entre les deux pays depuis la fin de la guerre. C'était Platon Zouboff qui, devenu ministre des Affaires extérieures, conduisait les négociations. Elles étaient en bonne voie, mais la cour de Suède considérait comme indispensable la conversion de la future reine à la foi protestante et notre souveraine estimait que sa petite-fille, née de sang impérial, ne pouvait souscrire à cette condition.

– Les Suédois finiront par plier, dit-elle. Platon est un avocat énergique. Ce que je demande n'est pas exorbitant : le droit pour ma petite Alexandra de garder sa religion et d'avoir, à Stockholm, sa chapelle et ses prêtres... Qu'en penses-tu ?

– Je crois, en effet, qu'une princesse russe de son rang ne peut renier le sacrement de son baptême.

– Tu es toujours de mon avis ! Cela finit par être lassant ! dit-elle avec un rire mélancolique.

Comme je craignais que notre conversation n'en restât là, je tentai d'intéresser Sa Majesté aux affaires françaises : les efforts du Directoire pour rétablir l'ordre, les incroyables succès des armées de la République en Belgique, en Hollande, sur la rive gauche du Rhin, la notoriété soudaine d'un certain général Bonaparte qui, en octobre dernier, avait dispersé des émeutiers royalistes marchant sur la Convention finissante – ne pensait-elle pas qu'il y avait là des signes de renouveau ? L'impératrice m'arrêta d'un geste tranchant de la main :

– Tais-toi ! Ce pays ne m'intéresse plus ! Je voudrais qu'il fût rayé de la carte !

Je me le tins pour dit et allais me retirer lorsque Platon Zouboff entra dans son bureau. Elle le reçut avec une allégresse de fiancée. Son lourd visage rayonnait de toutes ses rides, de toutes ses boursouflures. Mon cœur se serra de pitié. Lui parlerait-elle du présent qu'elle venait de me faire ? Heureusement, il n'en fut rien. Nous n'échangeâmes que de banals propos de cour. Sans doute Sa Majesté voulait-elle que cette donation demeurât un secret entre elle et moi. Un peu plus tard, comme je me dirigeais vers la porte, Platon Zouboff me prit par le bras et me chuchota à l'oreille :

– Vous avez de la chance. La terre est bonne du côté de Novgorod !

Il savait donc ! J'en conçus du dépit. Mais ce ne fut qu'un léger nuage. En arrivant à la maison, mon contentement était si visible que ma mère me demanda, dès le seuil, quelle bonne nouvelle j'apportais. Je lui racontai tout. Elle pleura de reconnaissance. Je partageai sa joie d'être à nouveau enraciné dans la terre russe. C'était, pour nous, plus qu'une récompense : une résurrection.

– Je ne disais rien, mais je souffrais de n'avoir pas un coin bien à nous, à la campagne, avec des champs, des bêtes, des paysans ! soupira ma mère. C'est cela, la vraie vie russe…

Et elle voulut solliciter immédiatement une audience de l'impératrice pour lui exprimer sa gratitude. Sachant sa maladresse dans les cas de grande exaltation, je la dissuadai, non sans peine, de se rendre au palais. Alors elle écrivit une longue lettre et me pria de la remettre en main propre à Sa Majesté. Cette missive était si plate que, sans rien lui dire, je la déchirai. Le lendemain, je lui affirmai que l'impératrice avait lu ses remerciements et qu'elle en avait été très touchée.

– Entre femmes, on se comprend, même si l'une est une fourmi et l'autre une étoile, dit ma mère.

J'avais hâte de prendre possession de mon domaine. Dès que la fonte des neiges eut rendu les routes praticables, ma mère et moi partîmes pour voir cette propriété qui nous était tombée du ciel. Les villages me parurent pauvres et les terres mal entretenues. Le régisseur, un certain Kapoustine, nous assura qu'il se faisait fort de réorganiser l'exploitation. Il avait l'air madré, mais habile. Je résolus de le garder à son poste. À ma demande, il rassembla les moujiks devant la maison de maître. Ils se tassèrent sur plusieurs rangs, le chapeau bas, le regard fuyant. Je leur tins un petit discours paternel sur la nécessité du travail, de l'obéissance et de l'honnêteté. Me comprirent-ils ? J'en doute. Ils semblaient terrorisés. Ma mère, surexcitée par son nouvel état de propriétaire, voulut leur parler à son tour. Je ne pus l'en empêcher. La voix vibrante et les yeux au ciel, elle leur expliqua que, si nous nous trouvions ici, c'était par la volonté impériale et que, dans ces conditions, ils nous devaient le même respect qu'à Sa Majesté ! Puis, emportée par l'éloquence, elle s'écria :

– Si vous croyez en Dieu, vous remplirez vos devoirs de serfs avec autant de ferveur que vos devoirs religieux !

Je lui touchai le bras pour l'avertir qu'elle allait trop loin. Elle me dévisagea avec une expression de surprise courroucée. Les plumes blanches de son chapeau de feutre mousquetaire palpitaient dans le vent. Les moujiks étaient tombés à genoux.

– Relevez-vous ! ordonna-t-elle avec superbe. Et allez à vos travaux !

Quand ils se furent dispersés, Kapoustine nous dit :

– Ce sont des canailles et des ivrognes ! Si vous êtes trop bons avec eux, ils vous mangeront la laine sur le dos ! Vous avez eu raison, barynia, de leur parler avec fermeté !

Ma mère se rengorgea. En la voyant si proche des préoccupations campagnardes, j'avais peine à retrouver en elle la femme assoiffée de mondanités que j'avais connue dans ma jeunesse. Sans doute étaient-ce les longues années passées à Saint-Pétersbourg dans des conditions médiocres qui lui avaient donné ce goût subit pour l'aisance provinciale et l'omnipotence domestique. Elle ne se lassait pas de parcourir notre domaine et se récriait d'admiration devant chaque brin d'herbe, chaque caillou. La maison surtout lui plaisait. Dominant le village de Dani-lovo, c'était une vaste bâtisse en bois, avec une terrasse couverte et, sur la façade, les inévitables

colonnettes blanches supportant un fronton tri-
angulaire. La peinture s'écaillait, le plancher se
gondolait, les fenêtres étaient disjointes, mais il
devait être facile de rafistoler cette ruine, d'autant
que, selon Kapoustine, il y avait deux excellents
charpentiers parmi les serfs.

– Mettez-les immédiatement à l'ouvrage, dit
ma mère.

Et, m'imposant silence, elle donna elle-même
des instructions au régisseur pour les travaux :

– Vous condamnerez cette porte qui ne sert à
rien. Vous abattrez cette cloison pour réunir les
deux pièces… Ici, je veux une banquette fixe,
contre le mur, afin qu'on puisse contempler le
jardin sans avoir à traîner une chaise devant la
fenêtre…

Kapoustine, l'épaule fléchie, prenait des notes
sur son calepin et marmonnait, de temps à autre :

– C'est entendu, barynia… Ce sera fait, barynia…

Quant à moi, j'étais relégué au second plan.
Comme si c'était ma mère et non moi qui avait
reçu ce domaine en récompense. J'étais à la fois
amusé et ému par son enthousiasme. L'air pur
de Danilovo semblait lui avoir rendu la vivacité
et l'autorité de ses jeunes années.

En prévision de notre séjour, Kapoustine avait
fait aménager une chambre à peu près conve-
nable, avec deux lits séparés par un paravent.
Ma mère et moi y passâmes une nuit paisible,
côte à côte, et fûmes réveillés par le chant des
oiseaux. J'avais envisagé de repartir le surlendemain. Ma mère protesta :

– Nous venons à peine d'arriver. Je me plais beaucoup ici. Nous devrions rester encore quelques jours !

Je lui expliquai qu'il m'était impossible de m'absenter plus longtemps de Saint-Pétersbourg, à cause du travail qui m'attendait à la chancellerie.

– C'est triste de posséder un aussi beau domaine et de ne pouvoir en profiter à sa guise ! soupira-t-elle.

– Du temps de papa, vous n'alliez jamais à la campagne ! objectai-je.

– J'étais plus jeune, j'avais d'autres intérêts. Maintenant, s'il me faut attendre des mois, des années pour remettre les pieds ici, je finirai par mourir avant d'avoir revu Danilovo !

– Rassure-toi, maman, nous reviendrons, je te le promets…

– Quand ?

– Je ne sais pas. Le service de Sa Majesté m'interdit d'aller et venir selon ma fantaisie.

Il me suffisait d'invoquer « le service de Sa Majesté » pour que ma mère, éperdue de respect, rentrât sous terre. Pendant les heures qui suivirent, elle ne se livra plus à aucune revendication, à aucun caprice. Dans sa crainte de déplaire à la tsarine, elle me suggéra même d'avancer notre départ.

En revenant à Saint-Pétersbourg, je constatai que j'étais devenu un autre homme. Plus grand, plus fort, avec derrière lui un morceau de Russie. Avant, je n'étais qu'un scribouillard aux semelles de vent et aux poches vides. Maintenant, tel un souverain, je régnais sur des êtres vivants, j'avais charge d'âmes, mon rôle était de commander, de récompenser, de châtier… Au vrai, le pouvoir discrétionnaire que j'avais acquis sur des centaines d'individus m'incitait à les aimer sans même les connaître. Kapoustine m'avait remis la liste de mes paysans. Je la relisais parfois avec un mélange d'attendrissement et de fierté. Comment certains esprits chagrins osaient-ils condamner le servage ? Cette pratique, si ancienne, donnait au propriétaire une conscience profonde et douce de sa responsabilité. Elle faisait de lui le père bienveillant d'une immense famille. Pour ma part, je me découvrais meilleur depuis que j'avais des serfs.

Cependant, une agitation fébrile s'était emparée de la cour. On se préparait à recevoir Gustave IV de Suède pour célébrer ses fiançailles avec la grande-duchesse Alexandra. Certes, l'affaire n'était pas encore conclue, mais Platon Zouboff prophétisait que, pris dans le tourbillon des fêtes, les Suédois finiraient par renoncer à leurs absurdes exigences religieuses. Dix fois retardée, la visite du roi et de son oncle, le duc de Sudermanie, régent du royaume, n'eut lieu qu'au mois d'août 1796. D'emblée, Alexandra et Gustave, qui ne s'étaient jamais vus auparavant, s'enflammèrent l'un pour l'autre. Notre impératrice les couvait d'un regard affectueux et se réjouissait que ses calculs politiques fussent ainsi auréolés par le sentiment.

Le lundi 11 septembre 1796, une foule superbement parée emplit la grande salle du palais pour assister à la cérémonie des fiançailles. Je ne pus, de par mon rang modeste, me glisser parmi cette assemblée de diplomates, de dignitaires de l'empire et d'hôtes étrangers remarquables, mais, au bout d'une heure, piqué par la curiosité, je quittai le bureau de la chancellerie pour aller aux nouvelles. Comme j'arrivais aux portes de l'immense pièce où se tenait la réception, j'entendis une sourde rumeur et vis sortir l'impératrice, appuyée au bras de son petit-fils Alexandre. Elle traînait les pieds, encombrée par son long manteau d'hermine, et faisait un effort surhumain pour garder la tête droite sous sa lourde couronne. Ses joues étaient marbrées de taches rouges. Son regard flottait. Elle passa devant moi sans m'apercevoir.

Quelques minutes plus tard, j'apprenais par un aide de camp de mes amis que Gustave IV, après avoir âprement discuté les dernières clauses du contrat de fiançailles dans un salon voisin, s'était finalement dérobé à la promesse qu'on espérait de lui. Dans le désordre et la consternation, il avait fallu, au dernier moment, décommander la fête. La fiancée outragée en avait perdu connaissance. Quelle humiliation pour notre souveraine ! Et cela en présence d'un public si brillant et si médisant ! Les cours européennes ne manqueraient pas d'ironiser sur cet échec diplomatique. Je remontai, la honte au cœur, à l'étage de la chancellerie et, jusqu'au soir, ruminai cette défaite comme un affront personnel. Dans ma naïveté, je me demandais si un faux pas aussi grave n'allait pas servir de prétexte à une reprise des hostilités entre la Russie et la Suède.

Au cours de la nuit, l'impératrice eut un étourdissement dû à la contrariété et à la fatigue. Cependant elle continua, les jours suivants, à traiter Gustave IV avec courtoisie, comme s'il ne lui eût pas infligé le plus terrible camouflet de son règne. Après le départ du roi et du régent pour la Suède, elle parut reprendre goût à l'exercice du pouvoir. Mais moi qui la rencontrais chaque jour, j'étais frappé par la fixité de ses yeux et le tremblement de ses mains. Elle se plaignait souvent de coliques et prétendait se soigner en trempant ses pieds dans une cuvette pleine d'eau de mer glacée. Les grandes réceptions, qu'elle avait tant recherchées autrefois, l'ennuyaient. Elle ne se montrait plus aux courtisans que le dimanche, pour la messe. Son cercle d'intimes était si restreint que Platon Zouboff lui reprochait, en riant, sa « sauvagerie germanique ». Bien qu'elle affectât un air de sérénité, je la devinais obsédée par l'approche de la mort. Plus que jamais, elle se préoccupait de sa succession. Le manifeste stipulant que l'héritier du trône était son petit-fils Alexandre, et non son fils Paul, était prêt depuis longtemps. Elle décida d'en hâter la proclamation et choisit pour cette annonce solennelle le 24 novembre 1796, jour de la fête de sainte Catherine, sa patronne. Comme je la félicitais de cette sage résolution, elle rétorqua :

– À mon âge, les seules satisfactions qui comptent sont inspirées par le souci de la postérité.

Pourtant, elle se réjouit fort en apprenant la retraite précipitée du général français Moreau, obligé de repasser le Rhin. Le Directoire lui paraissait aussi exécrable que la Convention. Elle espérait assister à l'écrasement de la France régicide.

– Vivrai-je assez longtemps pour cela ? dit-elle un jour en ma présence.

Je l'assurai qu'elle avait tort de s'abandonner à des idées noires et que, d'ailleurs, je lui trouvais meilleure mine depuis une semaine.

– Parle-moi un peu de toi ! lança-t-elle pour changer de sujet. Es-tu retourné à Danilovo ?

– Non, Votre Majesté.

– Pourquoi ? Tu n'aimes pas ce domaine ?

– Oh ! si, et de plus en plus ! Tout y est beau, la maison, la nature… Et mes serfs ont l'air si dévoués ! Grâce à Votre Majesté, je nage dans le bonheur ! Seulement je dois rester ici… Il y a tant de travail à la chancellerie !

Elle sourit :

– Bientôt, tu seras délivré de toutes ces contraintes ! À moins que mon cher Alexandre ne décide de te garder à son service comme secrétaire. Je te promets de le lui conseiller avant de disparaître.

– Oh ! que Votre Majesté s'abstienne de parler ainsi ! m'écriai-je. Je ne puis envisager l'avenir sans elle. Elle est… Elle est… pour moi…

Je ne trouvais pas mes mots. Subitement, je m'aperçus que je m'adressais à elle non comme à une souveraine, mais comme à un être très cher, qui aurait de tout temps partagé ma vie. Et peut-être, en effet, était-elle la seule femme que

j'eusse vraiment aimée ? Les larmes m'étouf-
faient. Je me tus et détournai la tête.

– Cela suffit, Constantin Ivanovitch ! ordonna-
t-elle. Quoi qu'il arrive, il faut être gai. Vois-tu,
moi, ce soir, j'ai organisé une petite réunion
d'amis dans mon recoin de l'Ermitage. La plupart sont des gens drôles. Je compte beaucoup
sur eux pour me faire rire.

Tout en parlant, elle tâchait d'imprimer à son
visage bouffi une expression de gaillarde allégresse. Mais son menton frémissait à petits
coups et une respiration saccadée soulevait son
opulente poitrine sous le corsage orné de
rubans. Je me dis que j'eusse préféré perdre ma
mère plutôt que de voir mourir la tsarine. Cette
pensée sacrilège m'effraya. De la main, Sa
Majesté me fit signe de me retirer. Avant de franchir le seuil, je demandai :

– Votre Majesté est-elle sûre de n'avoir besoin
de rien ?

– De rien, Constantin Ivanovitch, répondit-elle
d'une voix plate. De rien. Va-t'en, et que la paix
soit avec toi !

Le lendemain, en venant prendre mon service,
j'appris que l'impératrice avait eu, à l'aube, une
attaque d'apoplexie dans sa garde-robe et qu'elle
gisait maintenant, paralysée, sur un matelas au
pied de son lit. Après avoir pratiqué plusieurs
saignées, les médecins, impuissants, avaient
cédé la place aux prêtres. Immédiatement prévenu, Platon Zouboff ne quittait plus la mou-
rante. Évaluant les graves conséquences que la
disparition de l'impératrice aurait sur sa car-

rière, il sanglotait si fort qu'on l'entendait jusque dans l'antichambre. Moi-même, j'étais dans l'indécision et l'épouvante.

Tandis que la tsarine agonisait dans sa chambre, le palais d'Hiver grouillait de courtisans chuchotants, fureteurs et hagards. On s'abordait avec des mines inquiètes, on supputait les chances des uns et des autres, on redoutait des disgrâces soudaines, on échafaudait de savantes manœuvres pour capter la confiance du futur empereur. Mais qui serait-ce ? Paul ou Alexandre ? Catherine la Grande respirait encore, et ceux qui l'avaient le plus aveuglément servie ne songeaient qu'à se prosterner devant son successeur. J'étais écœuré par tant de bassesse. À intervalles réguliers, un chambellan apportait des nouvelles de la situation : Sa Majesté n'avait toujours pas repris connaissance, l'archevêque Gabriel lui avait administré les derniers sacrements, le désespoir de Platon Zouboff était tel qu'on craignait pour sa raison, le comte Rostoptchine était parti pour Gatchina afin d'en ramener le grand-duc Paul, on cherchait partout le grand-duc Alexandre, qui, croyait-on, se promenait en traîneau avec son frère Constantin. Je pensai avec tristesse que notre impératrice avait résolu de désigner son petit-fils comme héritier le 24 novembre prochain et qu'elle n'en avait pas eu le temps, terrassée, à quelques jours de là, par la foudre. Sans cette proclamation officielle, Alexandre, le doux rêveur, n'aurait jamais l'audace de s'asseoir sur le trône au nez et à la barbe de son père.

Le grand-duc Paul ne rejoignit le palais que vers huit heures du soir. Quand il parut, sanglé dans son uniforme prussien, tous les hauts dignitaires rassemblés sur son passage ployèrent l'échine, certains même tombèrent à genoux. Les grands-ducs Alexandre et Constantin, qui venaient eux-mêmes d'arriver, s'avancèrent vers lui, tête basse, et lui baisèrent les mains. L'un et l'autre avaient adopté, pour lui complaire, la tenue des bataillons de Gatchina. Rien qu'en les voyant ainsi costumés, à l'allemande, je compris que le vœu de notre souveraine ne serait pas exaucé.

Après s'être recueilli quelques instants devant sa mère, dont le râle s'approfondissait et qui ne reconnaissait plus personne, le grand-duc Paul s'enferma dans le cabinet de travail impérial. Là, avec l'aide du vice-chancelier Bezborodko et du procureur général Samoïloff, il vida les tiroirs, força la cassette, s'empara du manifeste qui consacrait sa déchéance et, ainsi qu'il m'a été rapporté plus tard, brûla le document dans la cheminée.

Je ne rentrai pas chez moi de la nuit. Tous les familiers du palais veillaient, disséminés dans les salons et jusque dans les escaliers. Vers cinq heures du matin, le 6 novembre 1796, des laquais passèrent entre les groupes avec des plateaux chargés de collations. Nous nous restaurâmes presque honteusement, en attendant l'annonce fatale. Enfin le procureur général

Samoïloff sortit de la chambre de Sa Majesté, se présenta devant la foule des courtisans réunis et dit d'un ton solennel :

– Messieurs, Sa Majesté l'impératrice Catherine est morte. Son fils, l'empereur Paul, est monté sur le trône.

À ces mots, une révolte me saisit, j'eus envie de crier : « Vous vous trompez, vous nous trompez : ce n'est pas Paul qu'elle avait choisi comme héritier, c'est Alexandre ! » Mais aucun son ne franchit mes lèvres. Qui étais-je pour oser protester ? Stupide, j'acceptais, comme les autres, cette trahison des dernières volontés de la défunte. Puis je me sentis étrangement soulagé. Il me sembla que je venais de mourir moi-même, ou qu'en tout cas plus rien ne me retenait en ce monde. Autour de moi, on pleurait, on s'embrassait. Peu après, la cohorte se dirigea, dans une bousculade obséquieuse, vers la chapelle du palais pour la prestation de serment. Un trône avait été apporté en hâte dans le sanctuaire. Paul s'assit, avec une évidente satisfaction, à la place de sa mère. Sa face simiesque, aux yeux globuleux et à la lippe épaisse, respirait l'arrogance et la haine. Hiératique, il regardait venir à lui, en un lent défilé, ses sujets les plus éminents. Chacun, à tour de rôle, pliait le genou, lisait la formule du serment et baisait la main droite de l'empereur. Il reçut ainsi l'hommage de son épouse, de ses fils Alexandre et Constantin, de toutes les grandes-duchesses et de tous les hauts dignitaires.

Mon rang subalterne me dispensait, pour l'instant, de cette formalité. Sans attendre la fin de la cérémonie, je me glissai hors de la chapelle et me rendis dans la chambre mortuaire. Les factionnaires, qui me connaissaient, me laissèrent entrer. L'impératrice gisait sur son lit, vêtue d'une robe blanche. Des cierges éclairaient son vieux visage pacifié. Un linge, noué sous le menton, lui soutenait encore la mâchoire. Son ventre avait fondu. Ses mains de cire étreignaient une petite icône. Le parfum dont on avait aspergé son corps se mêlait à l'odeur sucrée de l'encens. Quatre prêtres marmonnaient à son chevet les paroles de la consolation éternelle. Au loin, des cloches sonnaient selon un rythme funèbre. La défunte avait l'air si heureuse que je sortis sur la pointe des pieds pour ne pas troubler son repos.

La ville entière était déjà au courant. Sur l'immense esplanade du palais, je vis des gens du peuple prosternés dans la neige et qui priaient silencieusement. Je m'agenouillai à leurs côtés, sans égard pour le froid qui pénétrait mes membres. Il me semblait que ma place était parmi eux et non là-bas, dans les salons, au milieu des courtisans serviles, qui déjà se détournaient du souvenir de Catherine la Grande pour adorer le nouveau maître de la Russie.

IV

À l'avènement de Paul Ier, on eût dit qu'un
voile de ténèbres s'était abattu sur Saint-Pétersbourg. Du jour au lendemain, les troupes de
Gatchina, manœuvrant à la prussienne, s'instal-
lèrent dans la ville consternée. Le palais d'Hiver
fut envahi par des inconnus, tous partisans du
nouvel empereur et tous soucieux de se comporter avec une autorité et une rudesse militaires.
Les salons, où se pressait naguère la foule élé-
gante et futile des familiers de Catherine II, res-
semblaient maintenant à un corps de garde
plein de bruits de bottes et de tintements d'épe-
rons. Étions-nous encore en Russie ? N'était-ce
pas le roi de Prusse Frédéric II qui nous gouver-
nait sous le masque grimaçant de son admirateur ?

Dès le début, Paul Ier voulut prendre, en toute
chose, le contrepied des mesures arrêtées par sa
mère. Malgré ses supplications, Platon Zouboff
se vit dépouillé de ses charges les plus lucratives,
ses terres furent placées sous séquestre, enfin il

reçut l'ordre de quitter la capitale et de voyager à l'étranger. Le franc-maçon Novikoff, que Catherine II avait enfermé dans la forteresse de Schlüsselburg, fut libéré en grande pompe, le publiciste Radichtcheff rappelé d'exil, le général polonais rebelle Kosciuszko autorisé à partir pour l'Amérique et l'ex-roi de Pologne Stanislas Poniatowsky installé superbement dans un hôtel de Saint-Pétersbourg. Certes, il s'agissait de décisions apparemment généreuses ; mais, de toute évidence, elles n'avaient été dictées à l'empereur que par le désir de braver, au-delà du tombeau, l'ombre de sa mère. Sa rancune envers elle avait atteint de telles proportions que, ayant fait extraire le cercueil de son père des caveaux du couvent Saint-Alexandre-Nevsky, il avait ordonné de le déposer dans la salle des Colonnes du palais d'Hiver, à côté du cercueil de Catherine. Ainsi ces deux êtres, qui s'étaient tant haïs de leur vivant, se trouvaient unis dans la mort après trente-quatre ans de séparation. Au-dessus de leurs dépouilles, s'étirait une banderole dont l'inscription avait été imaginée par l'empereur en personne : *Divisés durant leur existence, associés dans le trépas.* Courtisans, généraux, diplomates, employés de la chancellerie furent invités à défiler devant le double catafalque. Je ne pus me soustraire à cette cérémonie odieuse. Postés çà et là dans la salle, des policiers scrutaient les visages des participants et prêtaient l'oreille à leurs propos pour en faire un rapport au tsar. Même dans l'affliction, je me sentais épié, menacé. Mon crime : avoir trop bien servi la défunte.

Les obsèques conjointes de Pierre III et de Catherine II furent l'occasion d'une autre démonstration expiatoire. Par commandement de l'empereur, en tête du cortège funèbre qui traversait la ville pour se rendre à la cathédrale Saint-Pierre-et-Saint-Paul, s'avançaient les principaux responsables du complot de 1762, qui avait coûté la vie à son père et placé sa mère sur le trône. Alexis Orloff, le meurtrier présumé de Pierre III, portait sur un coussin doré la couronne de sa victime ; ses complices, Passek et Bariatinsky, tenaient les cordons du poêle. Tous trois avaient tellement vieilli depuis l'époque de leur crime que, boitillants et ahuris, ils paraissaient inconscients du châtiment qu'on leur infligeait.

Dans la cathédrale bourrée de monde, les prêtres, en chasubles noires lamées d'argent, célébrèrent longuement les funérailles de ce couple disparate, dont le mari était mort étranglé à trente-quatre ans et la femme, en pleine gloire, à soixante-sept. Perdu dans la foule, j'observai la figure du nouveau souverain pendant le déroulement de la liturgie. Il rayonnait d'un plaisir démoniaque, comme si, grâce à un tour de passe-passe, il eût enfin corrigé le cours de l'Histoire. Devant tant d'absurdité, je me demandai vers quel abîme cet homme d'incohérence et d'entraînement conduirait la Russie.

Aussi ne fus-je pas surpris, les jours suivants, par l'avalanche des oukases insensés qui s'abat-

tirent sur nous : interdiction du port des chapeaux ronds, des bottes à revers, des pantalons
droits ; fermeture des imprimeries privées ;
défense de danser la valse ; exclusion du vocabu-
laire des mots « citoyen », « club », « société » ;
institution d'un couvre-feu dès neuf heures du
soir, sauf pour les médecins et les sages-
femmes ; adoption par toute l'armée de l'uniforme prussien cher aux gens de Gatchina, avec
guêtres et cheveux tressés, graissés et poudrés à
la craie ; dégradation publique, devant le front
des troupes, des généraux ayant déplu à Sa
Majesté…

Épouvantés par les manifestations de cette
folie despotique, les habitants de Saint-Pétersbourg se terraient chez eux, comme aux premières secousses d'un tremblement de terre.
Avant de se rendre à la parade, les officiers se
munissaient toujours d'un peu d'argent pour le
cas où, sur un coup de colère du tsar, ils seraient
envoyés directement en Sibérie. Nous-mêmes,
au secrétariat, nous n'en menions pas large.
Sans avoir rien à nous reprocher, nous nous
attendions, d'heure en heure, à un éclat. Chaque
fois que je pénétrais, avec la sacoche du courrier, dans le cabinet de l'empereur, j'avais
l'impression de marcher vers un juge inexorable
et borné.

Cependant, je dois avouer qu'il me recevait
avec courtoisie. Tout au plus pouvais-je discerner une nuance de mépris moqueur dans sa
façon d'examiner mes projets de lettres. Il prenait souvent plaisir à me les faire recommencer

et gribouillait des appréciations ironiques dans les marges. Ses remarques étaient, la plupart du temps, ineptes et il commettait de nombreuses fautes d'orthographe en français et en russe. Mais, bien entendu, je n'avais garde de les lui signaler. Ô combien je regrettais l'époque où, après l'étude des affaires courantes, l'impératrice s'abandonnait avec moi à une conversation cœur à cœur! Était-il possible que cet hurluberlu fût issu d'une femme aussi intelligente, aussi cultivée et aussi chaleureuse ?

Un matin, après la signature du courrier, l'empereur m'annonça qu'il allait dessiner un modèle d'uniforme pour tous les secrétaires. Comme je ne m'exclamais pas d'enthousiasme à cette idée, il me demanda à brûle-pourpoint :

– Cette décision vous déplaît ?

– Je ne me permettrais pas de contredire Votre Majesté !

– L'uniforme est la meilleure garantie de la paix intérieure. Un homme en uniforme ne se révolte jamais. Je veux que la Russie se transforme en une vaste caserne, propre, disciplinée et silencieuse, où chacun, du plus petit au plus grand, aura sa place, son rôle, et sera pénétré de respect pour ma personne. Mettez-vous bien dans la tête que je peux tout dans ce pays ! Sur un mot de moi, un simple soldat deviendra maréchal et un maréchal simple soldat !

Tandis qu'il pérorait avec véhémence, son visage, au front bas et au nez écrasé, était secoué de tics. Ses yeux roulaient dans leurs orbites. Il martelait son discours de coups de poing sur la table. Visiblement, il était en proie à un de ces accès de délire verbal dont j'avais entendu le récit par ses proches. Soudain, il m'apostropha en tendant un doigt dans ma direction :

– Cela vous change du temps de Catherine, hein ?

– En effet, Votre Majesté, balbutiai-je. Mais n'est-ce pas normal ? Chaque règne a ses particularités…

– Ma mère a mené une existence dissolue, elle s'est entourée de mauvais conseillers, elle a dirigé l'empire en dépit du bon sens…

Sans doute voulait-il m'arracher une condamnation de Catherine II, dont le prestige posthume l'agaçait. Mais je me sentais incapable de trahir la mémoire de la défunte.

– Sa Majesté l'impératrice a tout de même acquis une gloire mondiale, murmurai-je.

– Grâce à quelques thuriféraires appointés, comme Grimm, Voltaire, Diderot…

– Elle a agrandi la Russie…

Ces mots parurent le désarçonner. Il marqua une pause. Je crus l'entretien terminé, mais il revint à la charge :

– Ainsi, vous regrettez ma mère ?

– J'ai si longtemps travaillé à ses côtés !…

– Répondez-moi franchement : vous la regrettez ?

J'étais bousculé, traqué, poursuivi, l'épée dans les reins.

– Sa Majesté l'impératrice a eu pour moi de grandes bontés, dis-je.

Il fronça les sourcils :

– C'est une fausse excuse ! Estimez-vous avoir mérité la donation qu'elle vous a faite avant de mourir ?

– Je n'ai pas à juger les actes de feu Sa Majesté l'impératrice. Je lui saurai éternellement gré de la bienveillance qu'elle m'a plus d'une fois témoignée.

– Et c'est par bienveillance qu'elle vous a laissé pourrir en France, pendant six ans ?

– Ce séjour hors de nos frontières m'a beaucoup appris.

– Quoi, par exemple ? hurla-t-il.

Je cherchai désespérément une réplique qui pût désarmer mon inquisiteur.

– J'ai eu ainsi l'occasion de comparer le mode de vie russe au mode de vie français, dis-je enfin.

– Et la politique russe à la politique française ?

– En effet, Votre Majesté.

– J'aimerais connaître votre conclusion là-dessus.

– Je l'ai souvent exposée à votre auguste mère.

– Mais pas à moi. La révolution vous a marqué, je le sais, je le sens…

– Au début, j'ai eu la faiblesse de croire, comme beaucoup de gens, que les nobles idées de liberté, d'égalité, de fraternité conduiraient le peuple vers une ère de bonheur… Puis, bien sûr, j'ai déchanté, et ma sympathie s'est muée en une aversion profonde…

Son regard soupçonneux me glaça.

– Si profonde que cela ? jeta-t-il ironiquement. J'en doute ! N'avez-vous pas la nostalgie de ces rêves philosophiques ?

– Non, Votre Majesté.

Il éclata de rire :

– Eh bien, vous avez tort ! Moi, il y a des jours où je me sens le cœur plutôt libéral. Mais heureusement la tête reste monarchiste. C'est cela le bon mélange ! De toute façon, un souverain doit être imprévisible, se montrer tantôt plein de mansuétude et tantôt plein de sévérité, sans qu'on sache exactement pourquoi il récompense et pourquoi il frappe. La justice est l'affaire du juge, l'injustice celle du chef d'État. Plus il agit selon son bon plaisir, plus on le craint ; et plus on le craint, plus la prospérité, le calme et la vertu fleurissent dans le pays. N'ai-je pas raison ?

Dominant mon malaise, je me forçai à dire :

– Si, Votre Majesté.

Il se dressa derrière sa table. La poitrine serrée à craquer dans son uniforme vert, les épaules raides, l'air inspiré, il ressemblait à un général qui vient de remporter une grande victoire :

– C'est bien ! Je sens que nous pourrons continuer à travailler ensemble.

Je me confondis en remerciements, mais mon angoisse n'était pas pour autant dissipée. Ce soir-là, en quittant le palais, j'avais l'impression que désormais ma route serait semée d'embûches. Ne voulant pas alarmer ma mère, j'évitai de lui raconter ma conversation avec l'empereur. Il m'en coûta de paraître insouciant et même optimiste pendant notre repas en tête à tête.

Une fois retiré dans ma chambre, je repassai en mémoire ce que Sa Majesté m'avait dit, et il me sembla que toute ma conception de l'univers était remise en cause. Incontestablement, Paul Ier était une monstrueuse caricature de l'autorité monarchique. Avec son orgueil démesuré, ses foucades stupides, sa cruauté insolente, son obstination maniaque, il se présentait comme le singe de tous les souverains de Russie, y compris de Catherine la Grande. Sa démence condamnait, en quelque sorte, l'institution même dont il se flattait d'être le champion. En songeant à tout le mal qu'il risquait de faire à ma patrie, je me demandai comment on pouvait confier tant de pouvoir à un seul homme. Et cela simplement parce que, de filiation, il appartenait à la dynastie régnante... Alors un doute me saisit : n'étais-je pas en train de rejoindre la pensée des Français de 1789 ? Oui, il avait fallu que je n'eusse plus sous les yeux la France et ses désordres pour comprendre ce que, malgré le sang versé, la Révolution avait apporté au monde : une certaine façon de marcher la tête haute, de jongler effrontément avec les idées les plus hardies, d'honorer le talent mieux que la naissance, de participer à la vie du pays, non par la soumission, mais par la réflexion... De toutes mes forces, je voulais croire que le sacrifice de Joseph Proutier, de Laure et des innombrables victimes de la Terreur n'avait pas été vain et que l'enfer d'hier avait préparé le paradis de demain... Finalement je me dis qu'en politique les hommes d'idéal étaient plus redoutables que les hommes de calcul, car, persuadés d'avoir raison, ils n'hésitaient pas à imposer leurs principes par la violence. Après tout, Robespierre et ses acolytes étaient sûrs d'agir pour le bien du peuple. Leur exemple prouvait qu'il n'y avait qu'un pas, vite franchi, de l'exaltation libérale à la dictature. Tandis qu'ils prétendaient s'élever dans l'excellence, les anges de la révolution avaient leurs ailes qui traînaient dans des flaques de sang. Qui donc fallait-il suivre, qui fallait-il servir ? Les potentats héréditaires, ivres de leur toute-puissance, tel notre tsar actuel, ou les novateurs, issus des basses couches de la société, qui s'acharnaient à vouloir régénérer la planète selon des conceptions utopiques ? Mon indécision me faisait peur. Du temps de Catherine la Grande, je ne me posais pas de questions. Sa seule présence me donnait le sentiment d'appartenir à un monde immuable. Maintenant, je flottais entre deux eaux. J'étais une méduse.

Le sommeil ne venant pas, je me rendis dans la cuisine pour boire un verre d'eau. En passant devant la chambre de ma mère, j'aperçus un rai lumineux sous la porte. Avec précaution, je poussai le battant. Ma mère lisait dans son lit. Levant les yeux de son livre, elle me regarda par-dessus ses lunettes et dit :

– Tu ne dors pas ? Tu as des soucis ?

– Pas plus que d'habitude, maman.

– Je suis sûre que si. C'est à cause de ton travail que tu te tourmentes ?

– Oui, en partie.

Elle hocha la tête sous son bonnet de dentelle à rubans mauves :

– Ah ! Constantin, Constantin ! Ne sois pas trop fidèle à tes souvenirs ! Paul Ier ou Catherine II, seul le nom change. Il faut savoir passer d'un maître à l'autre...

– Et si je ne voulais plus de maître ?

– Tu précipiterais notre ruine. Servir, accepter... Ce sont les deux plus beaux mots de la langue russe !

– Il y a des moments où je regrette la France.

– Ne blasphème pas, mon chéri ! Que Dieu te pardonne !

– Je ne sais plus, maman. Peut-être la France est-elle nécessaire à la Russie ?

Elle me considéra avec un étonnement amusé et répondit :

– D'une certaine façon, oui. Tu vois, je suis en train de lire un roman français. L'auteur a beaucoup de talent. À mon avis, c'est tout ce que la France peut offrir à la Russie.

Je lui baisai la main et sortis. J'avais entendu la voix de la sagesse. À quoi bon lutter quand le courant emporte tout un peuple vers son destin ? Quelle que fût ma révolte intérieure, je devais poursuivre ma besogne de scribe dans l'ombre d'un souverain que j'exécrais. En faisant ma prière du soir, au pied de mon lit, devant l'icône de mon enfance, je demandai au Seigneur de m'aider à gagner la faveur de Paul Ier comme il m'avait aidé à gagner celle de Catherine II.

Le lendemain matin, le tsar convoqua tous les secrétaires dans son cabinet. Nous étions six, en comptant notre chef, Khrapovitsky. Rangés contre le mur, nous nous tenions au garde-à-vous, tels des soldats à la revue. Je croyais que l'empereur allait nous parler de notre futur uniforme, mais il nous demanda de lui indiquer, à tour de rôle, notre temps d'ancienneté dans les bureaux de la chancellerie. Après quoi, s'avançant vers nous, les mains derrière le dos, le menton dressé, le regard comminatoire, il dit brièvement :

– Messieurs, un règne nouveau exige des collaborateurs nouveaux. Ayant servi ma mère, vous ne pouvez me servir, moi. J'ai résolu de vous remplacer tous par des hommes ayant mon entière confiance. Considérez que, dès aujourd'hui, vous ne faites plus partie du personnel de la chancellerie. Veuillez vous retirer.

Nous repassâmes la porte en désordre. Mes collègues étaient accablés par leur disgrâce. Ils parlaient, avec des voix tragiques, d'injuste révocation, de carrière brisée. Certains même feignaient de s'arracher les cheveux. Khrapovitsky gémit :

– Je ne comprends pas… Il avait pourtant l'air content de nous, et soudain…

– L'empereur aime surprendre, répliquai-je. C'est quand on le croit le mieux disposé à notre égard qu'il cogne le plus fort.

En vérité, le brusque revirement du tsar me soulageait comme l'ouverture d'un carcan. Libre, j'étais libre, après des mois de supplice. Je courus annoncer la nouvelle à ma mère. Elle pleura un peu. Puis nous décidâmes d'aller habiter la campagne, dans notre domaine, et d'y mener une vie paisible de propriétaires terriens, loin des intrigues de la cour.

V

Les premières semaines de mon installation à Danilovo, je regrettai un peu le travail de secrétariat, les bavardages avec mes collègues, la fréquentation des personnages importants de l'empire, les rumeurs indiscrètes qui filtraient jusqu'à nous des antichambres du palais. Puis je m'habituai à ma nouvelle existence et découvris les plaisirs de l'oisiveté, des promenades nonchalantes et des repas à heures fixes. La lecture me consolait de l'inaction. Je me prélassais avec délices en marge du monde. Mon régisseur, Kapoustine, administrait le domaine à ma place. Il avait de l'expérience. Les récoltes étaient bonnes. L'argent rentrait. Ma mère et moi n'avions plus de soucis. Tout de même, par acquit de conscience, je vérifiais épisodiquement les comptes d'exploitation : ils étaient toujours exacts, au kopeck près. Je m'imposai aussi de faire, une fois par semaine, la tournée des villages et de m'entretenir avec les serfs. Kapoustine m'accompagnait dans ces randonnées d'inspection. Il me dépassait de la tête, portait une épaisse barbe noire et ne se séparait jamais de son gourdin. Sa présence robuste intimidait les moujiks. Devant lui, ils n'osaient pas se plaindre. Et cela m'arrangeait. Exclusivement préoccupé de ma tranquillité personnelle, je me disais que je n'avais pas quitté les problèmes de la cour pour me plonger dans ceux de la paysannerie. D'ailleurs, ma mère m'encourageait à demeurer les bras croisés, dans mon coin, car, affirmait-elle, c'est en voulant changer trop de choses qu'on fait son malheur et celui des autres. Elle rappelait en exemple les sanglantes erreurs de la Révolution française. Sans lui donner entièrement raison, je devais reconnaître qu'il était agréable de s'abriter sous un bon parapluie pendant l'orage. Elle prétendait aussi que Dieu, par définition même, était conservateur. Le prêtre de Danilovo, qui nous rendait visite chaque dimanche après la messe, partageait son avis et citait la Bible pour m'en convaincre.

Afin de me tenir tant soit peu au courant de la politique, j'allais voir, de temps à autre, notre plus proche voisin, Fedor Matveïevitch Jmoukhine. Il était un familier du maréchal de la noblesse de Novgorod et avait par lui les plus récentes nouvelles de la capitale. Là-bas, disait-il, la haine contre Paul Ier prenait les proportions d'une véritable fronde. Son fils Alexandre était lui-même épouvanté par le déséquilibre de l'empereur, mais, d'un caractère faible, il n'osait le contrecarrer. Après avoir interrompu la campagne que Catherine II et Platon Zouboff avaient déclenchée contre la Perse, le tsar avait cru bon, dans un accès de colère, de déclarer la guerre à la France. Trois armées russes avaient été dépêchées pour combattre Bonaparte : l'une en Italie, l'autre en Hollande, la troisième en Suisse. Malgré les succès de Souvoroff en Italie, cette triple action s'était traduite par un échec. Du coup, Paul Ier s'était brouillé avec ses alliés autrichiens et avait proclamé son admiration pour l'ennemi d'hier, le Premier Consul de France. Il l'applaudissait pour avoir maté les sans-culottes. Ce qui ne l'empêchait pas de chasser de Mitau les Bourbons, dont naguère encore il recherchait l'amitié. Mieux, il se fâchait avec les Anglais, qui l'avaient soutenu jusqu'ici, faisait saisir les navires britanniques mouillés dans les eaux russes et, pour châtier « l'orgueilleuse Albion », ordonnait à ses troupes de franchir des milliers de verstes, à travers des steppes désertiques, afin de conquérir l'Inde. Ces opérations saugrenues consternaient son entourage. Il s'en rendait compte et, au lieu de mettre de l'eau dans son vin, aggravait les vexations contre le peuple et les courtisans : censure postale renforcée, obligation pour tout individu, homme ou femme, de descendre de voiture au passage de l'empereur, multiplication des arrestations arbitraires...

En écoutant le récit de ces extravagances, je me félicitais chaque jour un peu plus d'avoir été éloigné du trône. J'étais convaincu à présent que toute politique, qu'elle fût libérale ou despotique, portait en elle les germes de l'injustice, de la corruption et de la folie. Échappé à l'horreur de la Révolution française, j'étais tombé dans l'horreur de la tyrannie russe. Le salut, pour un honnête homme, consistait à se méfier aussi bien des dirigeants illuminés que des foules aveugles. C'était en ne participant ni aux décisions du palais ni aux remous de la plèbe que le sage pouvait espérer survivre en ce siècle de fer.

J'étais d'autant plus enclin à nier l'intérêt de l'action publique que j'avais remarqué, depuis peu, une jolie fille serve de dix-huit ans à peine, qui travaillait comme brodeuse à la maison. Elle s'appelait Marie. J'en fis ma maîtresse. Ma mère m'approuva. Elle estimait qu'un homme de mon âge – la quarantaine bien sonnée – devait, pour conserver la santé, se libérer, à intervalles réguliers, de ses humeurs viriles.

Marie était blonde, docile, propre et sérieuse. Elle s'initia vite aux jeux de l'amour. Toujours souriante, elle n'apparaissait qu'au moment où j'avais besoin d'elle. On eût dit une chienne très douce, qu'on siffle et qui accourt, frétillante, disponible. Elle m'aidait à retirer mes bottes, elle me frottait le dos quand je me rendais aux étuves, elle m'éventait avec un linge trempé d'eau fraîche par les grandes chaleurs et, l'hiver, elle bassinait mes draps et attendait que je me fusse réchauffé avant de me rejoindre au lit. Pour faciliter nos rapports, ma mère l'avait dispensée de tout travail domestique. Mais, bien entendu, Marie ne se mettait jamais à table avec nous et ne restait jamais toute la nuit dans ma chambre. J'avais pris l'habitude de la renvoyer à la pointe du jour. C'était, à mon avis, une discipline nécessaire pour marquer la différence de nos conditions.

Ma mère appréciait beaucoup Marie. Elle lui faisait volontiers cadeau d'un coupon de tissu pour un corsage ou d'un collier en perles de verre, acheté à la foire de Novgorod. Chaque fois, Marie rougissait et, les prunelles embuées de gratitude, murmurait :

– C'est trop, barynia, je ne mérite pas, je ne mérite pas...

Il me semblait alors que ma mère était l'impératrice Catherine II, dispensant ses faveurs aux plus humbles de ses sujets. Un jour de l'été 1798, elle me prit à part et me dit, en me regardant fixement dans les yeux :

– Constantin, tu devrais faire un enfant à Marie !

Tombant des nues, je bredouillai :

– Tu n'y penses pas !

– Si, et même de plus en plus ! J'aimerais tellement avoir un bébé à la maison ! Surtout si c'est un garçon. Bien sûr, il n'est pas question que tu le reconnaisses ! Mais il grandira ici, je m'occuperai de lui, nous offrirons un joli dédommagement à cette fille, de façon qu'elle puisse s'établir plus tard...

Je n'avais jamais su résister aux désirs de ma mère. Après tout, peut-être ce bambin nous apporterait-il un surcroît de félicité ? Je promis d'en parler à l'intéressée. Il se trouva qu'elle aussi souhaitait un enfant. La pensée de cette procréation sur commande gâchait un peu mon plaisir, mais nous réussîmes. Dès que Marie fut enceinte, ma mère entra dans cette jubilation ridicule qui est propre, dit-on, à toutes les femmes devant les mystères de la grossesse. Elle entourait Marie de mille prévenances, lui interdisait de se fatiguer à des besognes inutiles, s'inquiétait de ses premières nausées, la conseillait pour son alimentation et palpait son ventre avec des mines gourmandes.

L'accouchement eut lieu à la maison, dans la nuit du 15 mars 1799. Deux matrones de Danilovo s'escrimèrent jusqu'à l'aube pour aider Marie, dont les cris me déchiraient les tympans. Ma mère assistait à l'événement et venait me voir d'heure en heure, au salon, pour me renseigner sur les progrès du travail. Enfin j'entendis un vagissement derrière la porte, suivi de quelques exclamations de victoire : c'était un garçon ! J'allai, selon l'usage, complimenter la jeune accouchée et lui effleurer le front d'un baiser. Quel bonheur sur ce visage exténué et suant ! Je crois que la plus grande pécheresse, quand elle donne le jour à un enfant, se prend pour la Sainte Vierge.

Ma mère, triomphante, me présenta dans ses bras un paquet de langes d'où émergeait une face rougeaude et plissée. Je me rappelai une autre naissance qui m'avait douloureusement marqué dans ma jeunesse, parce que ma femme, alors, m'était notoirement infidèle. Cette fois, j'étais sûr que le rejeton était de mon sang. Et pourtant, cela ne suffisait pas à me mettre le cœur en fête.

– Ton fils ! s'exclama ma mère d'une voix brisée par la joie.

La laideur dudit fils me consterna. Je trouvai qu'il ressemblait au petit singe de Platon Zouboff. Dominant ma répulsion, je marmonnai :

– Très bien, très bien !

Et je sortis rapidement de la chambre où flottaient, parmi le désordre des linges souillés, de chauds et méphitiques relents d'intimité féminine.

Le nouveau-né fut baptisé à l'église de Danilovo et reçut le prénom de Dimitri. Cette intrusion d'un nourrisson dans notre routine familiale ne me procura aucune satisfaction. Ma mère, en revanche, baignait dans l'extase. Elle était plus souvent penchée sur le berceau que lisant dans sa chambre. Elle dorlotait le poupon avec autant d'amour que s'il eût été le sien. Marie la laissait faire, tout émue qu'un fruit sorti de son ventre fût à ce point apprécié par la barynia. Il me semblait, en les voyant affairées toutes deux autour du bébé, qu'elles n'avaient pas besoin de moi pour être heureuses. En vérité, Marie me plaisait moins depuis qu'elle avait mis cet enfant au monde. La maternité, avec ses exigences animales, l'avait déflorée à mes yeux. Elle avait grossi. Ses seins étaient lourds. Trop occupée par le torchage et l'allaitement, elle avait perdu le charme sensuel de l'amante. Je la trompai avec d'autres filles serves. Elle n'en fut même pas jalouse. Son fils lui suffisait.

Notre vie continua ainsi, sans remous, fort décevante pour moi, fort exaltante pour ma mère et Marie. L'été, je participais, de loin en loin, à des expéditions de chasse et à des repas champêtres avec quelques hobereaux des environs ; l'hiver, les routes étant bloquées par la neige, chacun se terrait chez soi. Assis au coin du feu, dans la maison entourée d'un désert de blancheur, de froid et de silence, je m'abandonnais au flux et au reflux d'une méditation solitaire. L'alternance des saisons convenait à mon caractère changeant. Dès le début du printemps, les visites entre voisins recommençaient. Le dégel fut particulièrement précoce en 1801. Au mois de mars de cette année, je vis arriver à Danilovo mon ami Jmoukhine, le visage rayonnant. S'étant débarrassé de sa pelisse, il cria :

– Une grandissime nouvelle, Constantin Ivanovitch !

Et il m'apprit la mort inopinée de Paul Ier. D'après la version officielle, Sa Majesté avait succombé à une attaque d'apoplexie. Mais nul n'ignorait, dans son entourage, qu'il avait été assassiné par un groupe de conspirateurs, ayant à leur tête le comte Pahlen, le général Bennigsen, Platon Zouboff et son frère Nicolas. Cette fin violente ne me surprit pas. Depuis son avènement, le tsar avait mis une telle obstination à mécontenter tout le monde qu'il apparaissait comme le principal responsable de sa perte. Jmoukhine me confia même, sous le sceau du secret, que, d'après le maréchal de la noblesse de Novgorod, le grand-duc Alexandre avait été tenu au courant du complot et qu'il ne s'était pas opposé à l'exécution de son père, « dans l'intérêt de la Russie ». D'ailleurs, la mort de l'empereur avait été saluée, à Saint-Pétersbourg, par une explosion de joie. On s'embrassait dans les salons et dans les rues, comme le jour de Pâques, en bénissant le nom du nouveau tsar, Alexandre Ier.

Je fis dire une messe par le prêtre de Danilovo, moins pour le repos de l'âme de Paul Ier que pour le succès de son fils, dont les idées libérales m'étaient connues. Debout au premier rang dans la petite église enfumée, avec derrière moi la masse confuse de mes serfs, je songeais à l'étrange succession de meurtres qui jalonnaient l'histoire de notre pays. Peu de tsars étaient montés sur le trône sans enjamber un cadavre. Notre grande Catherine elle-même avait fait tuer son mari Pierre III pour décrocher la couronne. À son tour, Alexandre Ier avait pudiquement détourné les yeux pendant que ses partisans massacraient son père. Décidément, j'avais raison de penser que la conduite des affaires publiques s'accompagnait toujours de lâcheté, de mensonge et de sang.

Cette critique ne m'empêchait pas – assez paradoxalement, je l'avoue – de fonder de grandes espérances sur le règne de notre nouveau tsar. Ses premières décisions me prouvèrent que je ne me trompais pas : à peine investi du pouvoir suprême, il arrêtait le corps expéditionnaire russe lancé par son père à la conquête de l'Inde, relâchait les prisonniers politiques, rappelait au service les officiers disgraciés, rouvrait les imprimeries privées, autorisait les voyages en Europe, assouplissait la surveillance policière et rétablissait l'uniforme russe dans l'armée à la place de l'odieux uniforme prussien. Mieux, il réfléchissait déjà à des réformes essentielles, rêvait de libérer les serfs et s'entourait de bons conseillers, tels Stroganoff, Czartorysky, Kotchoubeï, Novossiltsoff, tous acquis à la philosophie de progrès. Cela dit, le fameux projet d'affranchissement des serfs me laissait perplexe. À mon avis, il était impossible d'émanciper des millions de paysans, habitués aux contraintes (mais aussi aux avantages) de la soumission totale, sans ébranler dangereusement les assises de la société. Tout au plus pouvait-on faciliter l'accession de certains d'entre eux à la responsabilité et à l'honorabilité des vrais citoyens. Je pensais particulièrement à Marie, qui eût sans doute mérité un meilleur sort. J'en parlai à ma mère et elle me promit d'étudier la question de son côté, car, selon elle, une telle mesure risquait de présenter aussi des inconvénients. Était-il même sûr que Marie souhaitât cette liberté à laquelle nous songions pour elle ? En fin de compte, nous résolûmes de laisser les choses en l'état.

Or, l'année suivante, très exactement en juillet 1802, il y eut à Danilovo plusieurs cas de variole. Malgré les remontrances de ma mère, Marie se rendit au village pour visiter sa jeune sœur, malade. Quelques jours plus tard, elle-même était au lit avec une forte fièvre et des pustules rouges sur le visage. Immédiatement, nous la séparâmes de son enfant. Par miracle, Dimitri échappa à la contagion. Mais, en dépit des efforts d'un médecin que j'avais fait quérir à Novgorod, Marie, épuisée, mourut dans une crise d'étouffement.

Cette fin m'affligea plus que je ne l'aurais cru. Je me rappelai que Catherine II, à peine sacrée impératrice, avait eu le courage, une des premières, de se faire inoculer la variole pour se prémunir contre cette terrible maladie. Peu de gens, à l'époque, avaient osé suivre son exemple. De toute façon, à la campagne, même les propriétaires fonciers continuaient à se soigner avec des plantes. Je n'avais rien à me reprocher. Pour marquer mon regret, je choisis moi-même l'emplacement de la tombe et commandai une croix en pierre, alors que toutes les autres croix du cimetière étaient en bois. Ma mère pleura abondamment sur le sort de l'orphelin. Mais je la soupçonnais d'éprouver un secret contentement à l'idée de l'avoir désormais tout à elle.

À quelque temps de là, elle me suggéra d'adopter légalement Dimitri. Il le fallait, disait-elle, pour la survie de notre nom. Je cédai, plus par lassitude que par conviction ou par affection tardive. Les démarches durèrent deux mois. Enfin, le 13 avril 1803, le petit bâtard Dimitri, fils d'une serve, devint Dimitri Constantinovitch Chevezoff. Il avait quatre ans. Je me rendis à Novgorod et eus la chance d'y découvrir un réfugié d'origine alsacienne, que j'engageai séance tenante, comme précepteur, pour enseigner le français à mon rejeton. Après quoi, je me désintéressai de cet enfant qui m'avait été imposé par ma mère. Est-ce ma faute si je n'ai pas la fibre paternelle ? Néanmoins, je reconnais qu'en prenant de l'âge Dimitri me paraissait plus agréable à regarder que lorsqu'il était au berceau. Il avait de grands yeux noirs, pétillants de malice, et des fossettes moelleuses de chaque côté de la bouche, mais ses lèvres trop minces étaient peut-être le signe d'un mauvais caractère. Ma mère prétendait qu'il me ressemblait trait pour trait et me rapportait avec attendrissement chacun de ses mots d'enfant. Je me gardais bien de la suivre dans cet engouement sénile. J'avais le sentiment que je devais, par dignité, conserver une certaine distance entre Dimitri et moi. Au fond, j'avais peur de me laisser séduire.

Ce fut vers cette époque-là que je reçus une lettre de Paul Stroganoff, ami intime et conseiller de l'empereur, m'annonçant que Sa Majesté désirait me voir d'urgence au palais. Ma mère s'affola, craignant quelque nouvelle catastrophe. Je la rassurai en lui disant que nous n'étions plus sous le règne de Paul Ier. Mais, dans mon for intérieur, je maudissais cette visite, dont je n'attendais rien de bon et qu'il m'était impossible de refuser.

En arrivant à Saint-Pétersbourg, je fus frappé par l'aspect libre et joyeux de la ville. Les passants avaient une allure dégagée, l'aiguille dorée de l'Amirauté brillait gaiement au soleil, des équipages somptueux se croisaient dans les rues, tout semblait neuf, élégant et hardi dans cette métropole naguère si maussade. On se serait cru revenu au temps béni de Catherine la Grande.

Je ne pus maîtriser une forte émotion en pénétrant dans le palais d'Hiver. Mille souvenirs m'assaillirent tandis que je marchais sur les talons d'un chambellan à la physionomie compassée. Il m'introduisit d'abord dans le bureau de Paul Stroganoff. Je savais que ce singulier personnage, fils d'une famille richissime, s'était trouvé à Paris, comme moi, au moment de la Révolution et que Catherine II l'avait rappelé en Russie parce qu'il versait un peu trop vite dans le jacobinisme. À présent, il faisait partie du cabinet secret de l'empereur. Nous eûmes à peine le temps d'échanger quelques impressions sur la France de 1789 que déjà le chambellan revenait pour me conduire auprès du tsar, qui souhaitait me parler seul à seul.

J'avais souvent rencontré Alexandre lorsqu'il n'était que grand-duc. En le revoyant, je fus étonné du changement qui s'était opéré en lui depuis mon départ de la capitale. Le pouvoir l'avait mûri, affermi et je dirai même embelli. Il portait avec élégance l'uniforme du régiment Préobrajensky. La taille haute et svelte, le visage aux traits réguliers, encadré de légers favoris châtain clair, l'œil bleu et tendre, il me parut superbe d'aisance dans son rôle de potentat du Nord aux manières françaises. Debout devant moi, il évoqua, en peu de mots, les rapports cordiaux que nous avions eus du temps de sa grand-mère. Puis, sans ambages, il m'offrit de reprendre ma place au secrétariat impérial.

J'avais déjà réfléchi à cette éventualité pendant mon voyage. N'eût-il pas été hasardeux de renouer avec les intrigues de la cour ? Ayant goûté à la paix de l'existence provinciale, je ne me sentais pas le courage d'y renoncer pour le clinquant des honneurs. Alexandre Ier m'observait silencieusement, comme s'il eût suivi, par transparence, les phases du combat qui se livrait dans ma tête. Enfin, avec de grands battements de cœur, je lui fis part de mon refus et tentai de lui en expliquer les raisons. Il m'interrompit dès les premières phrases :

– Dommage ! Mais je vous comprends. La vie publique dévore les âmes les mieux disposées. Je ne me soumets moi-même à ces contraintes que par devoir et avec une répugnance extrême. Mon rêve de jeunesse était de me retirer, comme vous, à la campagne…

– J'avais déjà entendu parler de ce penchant de Votre Majesté, murmurai-je.

– Les circonstances en ont décidé autrement. Je vous envie. Allez, Constantin Ivanovitch, et ne pensez plus aux affaires de l'État puisque les vôtres vous suffisent !

En me retrouvant à Danilovo, je fus bizarrement désorienté. Il me semblait que j'avais perdu sur les deux tableaux. Ayant vu le tsar et respiré à nouveau l'atmosphère du palais d'Hiver, je ne pouvais plus me satisfaire du train-train familial. Et cependant, pour rien au monde je ne voulais retourner dans les bureaux où se préparaient avec fièvre les bouleversements de notre politique. J'étais à la fois avide de connaître les nouvelles de la capitale et heureux de la distance qui me séparait des preneurs de décisions. Mon plus vif plaisir, désormais, était de discuter des informations qui me parvenaient, avec quelques voisins de campagne aussi désœuvrés que moi. Ainsi j'approuvai la méfiance d'Alexandre Ier envers Bonaparte et son indignation lorsque celui-ci fit enlever et exécuter le duc d'Enghien, mais je jugeai dangereuse sa résolution de rompre, sous ce prétexte, les relations diplomatiques avec la France et de former une coalition aux côtés de l'Autriche et de l'Angleterre. Quant au sacre du Premier Consul, devenu l'empereur Napoléon Ier, je le saluai d'un éclat de rire. Quelle pantalonnade ! Et le pape y prêtait la main ! Cette gloire théâtrale n'allait-elle pas monter à la tête de l'ancien petit général et l'inciter à se lancer dans de plus redoutables aventures ? Derechef, j'avais envie de me précipiter à Saint-Pétersbourg pour être dans le mortier où se malaxait l'avenir. Ma mère m'en empêcha.

Je me consolai de mon oisiveté en commençant la rédaction de ce véridique récit de ma vie. Ma plume glissait facilement sur le papier, comme si je me fusse confié à un ami très proche, capable de tout comprendre et de tout excuser. D'une page à l'autre, je prenais mieux conscience des oscillations de mon esprit et du poids des événements qui m'avaient conduit jusqu'à cette paisible retraite. Partagé entre le goût de l'action et celui de la rêverie, entre la tentation réformiste et la crainte du changement, entre la sympathie pour la France et la dévotion pour la Russie, je ne savais plus qui j'étais au juste, ni pourquoi Dieu m'avait assigné cette place étrange sur la terre. Cependant, loin de moi, les combats se poursuivaient avec des fortunes diverses pour nos drapeaux. L'imbécillité de cet étripage me fascinait. Je condamnais la guerre et dévorais les communiqués publiés par les journaux. Après quelques succès remportés par Koutouzoff en Moravie et en Autriche, le désastre d'Austerlitz me stupéfia. Je me dis qu'après cette terrible saignée des négociations de paix allaient enfin s'ouvrir. Et en effet les chancelleries entrèrent en ébullition, des notes secrètes furent échangées, on parla de renversement des alliances. Au vrai, tout cela n'était que façade. Dès le mois de juillet 1806, l'humeur du tsar redevint belliqueuse. Porté par l'enthousiasme de tout un peuple, il se préparait à rejoindre ses troupes afin d'abattre définitivement « l'ogre corse ».

Ce fut alors que j'éprouvai le besoin de me jeter, à mon tour, dans la lutte. Sans en rien dire à ma mère, j'entrepris les démarches nécessaires pour me faire engager dans l'armée. Elles viennent d'aboutir. Malgré mon âge – cinquante ans passés – et mon manque de connaissances militaires, j'ai été affecté, comme lieutenant-interprète, à l'état-major du général Bennigsen. C'est un poste de tout repos, mais du moins aurai-je la conscience tranquille en revenant de la guerre. Comprenons-nous bien : il ne s'agit pas de patriotisme – ce mot m'est suspect –, mais du puéril souci de n'avoir pas à rougir de moi-même. Ma mère a sangloté en apprenant ma décision. Puis elle m'a béni d'un signe de croix et m'a demandé de bénir mon fils. J'avais presque oublié que j'en avais un.

Je pars demain. À cette idée, je me sens léger et propre. Comme si, d'un seul coup, je m'étais lavé des menues crasses de la vie quotidienne. J'écris ces lignes dans mon cabinet, assis face à la fenêtre ouverte sur la brume verdoyante de la campagne. Devant moi, une pente d'herbe rare, quelques bouleaux frileux, une palissade éden-tée et, plus loin, la route poudreuse, crevée d'ornières, qui conduit au village. Tout cela est à la fois banal et irremplaçable, tout cela est tris-tement et tendrement russe. Il est impossible d'aimer son pays plus que j'aime le mien. Et pourtant j'ai hâte de quitter ces lieux qui me sont chers. Quelle absurdité ! J'arrête là mes Mémoires. Les reprendrai-je un jour ?

Ici s'interrompt le récit de mon père, Constan-tin Ivanovitch Chevezoff. J'ai retrouvé cette liasse de feuillets jaunis en compulsant ses archives. Puisque, grâce à sa bienveillance, je porte aujourd'hui son nom, je me dois de compléter ce témoignage par quelques mots de ma main.

Constantin Ivanovitch Chevezoff n'a jamais revu sa mère ni son fils. Le 2 juin 1807[1], en

---

1. Autrement dit le 14 juin 1807, selon le calendrier grégorien en usage hors de Russie.

pleine bataille de Friedland, un boulet de canon lui a broyé les deux jambes. Ses dernières paroles furent, curieusement : « Vive la Russie ! Vive la France ! » Le médecin qui le soignait, sous la tente d'ambulance, attribua cette double exclamation, tout à fait incongrue en période d'hostilités, au délire de l'agonie. Néanmoins, il la mentionna dans un compte rendu au général Bennigsen et celui-ci, scandalisé, crut bon de signaler l'incident en haut lieu.

Or, peu après, le vent tournait et le tsar se réconciliait avec Napoléon. Au cours de la fameuse entrevue sur le Niémen, qui devait aboutir à la signature du traité de Tilsit, notre souverain rapporta même à son ancien adversaire le cri du cœur de cet officier russe sur son lit de souffrance. Napoléon en parut sincèrement touché. Pour les deux empereurs, Constantin Ivanovitch Chevezoff devint le symbole de l'amitié franco-russe.

Revenu à Saint-Pétersbourg, Alexandre Ier octroya à mon père, à titre posthume, la croix de Saint-Georges de quatrième classe. Ma grand-mère pleura de fierté et, pour remercier le tsar, lui fit parvenir le présent manuscrit. Il eut la bonté de le lire et le lui retourna en la priant de ne plus montrer à personne ces pages inspirées par une regrettable liberté d'esprit. Elle lui obéit. Mais, depuis, beaucoup d'eau a coulé sous les ponts de la Néva ; après un répit de cinq ans, la guerre s'est rallumée entre la Russie et la France, nous avons glorieusement chassé l'envahisseur de notre sol, occupé Paris, abattu et exilé

246

à deux reprises celui qui voulait dominer le monde ; Napoléon est mort, Alexandre Ier est mort, ma grand-mère elle-même est morte depuis longtemps. Suis-je encore lié par sa promesse ?

Romans, récits et documents

La littérature conjuguée au pluriel, pour votre plaisir. Des œuvres de grands romanciers français et étrangers, des histoires passionnantes, dramatiques, drôles ou émouvantes, pour tous les goûts...

ADLER LAURE
L'année des adieux
4166/4
Chronique de la vie quotidienne à l'Élysée sous la présidence Mitterrand. Portrait d'un homme d'exception.

ADLER PHILIPPE
Bonjour la galère !
1868/1

Les amies de ma femme
2439/3
Mais qu'est-ce qu'elles veulent ces bonnes femmes ? Quand il rentre chez lui, Albert aimerait que Victoire s'occupe de lui mais rien à faire : les copines d'abord. Jusqu'au jour où Victoire se fait la malle et où ce sont ses copines qui consolent Albert.

ALLÉGRET CATHERINE
Les souvenirs et les regrets aussi
4000/7

ALLEGRI RENZO
La véritable histoire de Maria Callas
3699/6

AMIEL JOSEPH
Question de preuves
4119/5

ANDERSEN CHRISTOPHER
Mike Jagger
le scandaleux
3771/8

ANDREWS VIRGINIA C.
Ma douce Audrina
1578/4

Fleurs captives
Dans un immense et ténébreux grenier, quatre enfants vivent séquestrés. Pour oublier, ils font de leur prison le royaume de leurs jeux et de leur tendresse, à l'abri du monde. Mais le grenier devient un enfer. Et le seul désir de ces enfants devenus adolescents est désormais de s'évader... à n'importe quel prix.

- Fleurs captives
1165/4
- Pétales au vent
1237/4
- Bouquet d'épines
1350/4
- Les racines du passé
1818/5
- Le jardin des ombres
2526/4
La saga de Heaven
- Les enfants des collines
2727/5
- L'ange de la nuit
2870/5
- Cœurs maudits
2971/5
- Un visage du paradis
3119/5
- Le labyrinthe des songes
3234/6
Aurore
Un terrible secret pèse sur la naissance d'Aurore. Brutalement séparée des siens, humiliée, trompée, elle devra payer pour les péchés que d'autres ont commis. Car sur elle et sur sa fille Christie, plane la malédiction des Cutler...

- Aurore
3464/5
- Les secrets de l'aube
3580/6
- L'enfant du crépuscule
3723/6
- Les démons de la nuit
3772/6
- Avant l'aurore
3899/5
Ruby
4253/6
Perle
4332/5

A. NONYME
M. et Mme ont un fils
4036/2 & 4118/2

APOLLINAIRE GUILLAUME
Les onze mille verges
704/1

ARTHUR
Arthur censuré
3698/5
De la radio à la télé, rien n'arrête Arthur.

Ta mère
4075/2

Ta mère, la réponse
4225/2

Ta mère, la revanche
4365/2

Aimons-nous les uns les autres
4524/2

ARVIGNES GEORGES
Quelques mois pour l'aimer
4289/2

ASHWORTH SHERRY
Calories story
3964/5 Inédit

Romans, récits et documents

ATTANÉ CHANTAL
Le propre du bouc
3337/2

AVRIL NICOLE
Monsieur de Lyon
1049/2
La disgrâce
1344/3
Jeanne
1879/3
Don Juan aujourd'hui pourrait-il être une femme ?

L'été de la Saint-Valentin
2038/1
Sur la peau du Diable
2707/4
Dans les jardins
de mon père
3000/2
Il y a longtemps
que je t'aime
3506/3

BACH RICHARD
Jonathan Livingston
le goéland
1562/1 Illustré
Illusions/Le Messie
récalcitrant
2111/1
Un pont sur l'infini
2270/4

BAILLY OTHILIE
L'enfant dans le placard
3029/1
L'enfant qui se laissait
mourir
3859/1

BALDACCI DAVID G.
Le pouvoir d'exécuter
4267/7
Ayant surpris par hasard le
meurtre d'une jeune femme,
un cambrioleur est contraint
au silence par les services
secrets américains...

BALTIQUE
Labrador présidentiel
Aboitim - 1
4490/3

BARRON JUDY & SEAN
Moi, l'enfant autiste
3900/4

BAYROU FRANÇOIS
Henri IV
4183/6
La vie du souverain préféré des
Français, par un historien également ministre de l'Education
nationale. Coexistence pacifique, redressement financier,
lutte contre la corruption,
développement agricole et
industriel, réforme de l'enseignement, le parallèle avec
notre époque est troublant et
passionnant.

DE BEARN
MYRIAM & GASTON
Gaston Phébus
- Le lion des Pyrénées
2772/6
- Les créneaux de feu
2773/7
- Landry des bandouliers
2774/5

BELLEMARE P. &
ANTOINE J.
Les dossiers extraordinaires
2820/4 & 2821/4
Les dossiers d'Interpol
2844/4 & 2845/4

BELLETTO RENÉ
Le revenant
2841/5
Sur la terre comme au ciel
2943/5
La machine
3080/6

L'Enfer
3150/5
Dans une ville déserte et terrassée par l'été, Michel erre. C'est
alors qu'une femme s'offre à
lui, belle et mystérieuse...

BERBEROVA NINA
Le laquais et la putain
2850/1
Astachev à Paris
2941/2
La résurrection
de Mozart
3064/1
C'est moi qui souligne
3190/8
L'accompagnatrice
3362/4
De cape et de larmes
3426/1
Roquenval
3679/1
A la mémoire
de Schliemann
3898/1
Chroniques de Billancourt
4076/3
Dans les années vingt, un
petit peuple misérable d'émigrés slaves s'agglutine autour
des usines Renault, entre nostalgie et désespoir...

DE BERG JEAN
L'image
1686/1

BERTRAND JACQUES A.
Tristesse de la Balance
et autres signes
2711/1

BEYALA CALIXTHE
C'est le soleil qui m'a
brûlée
2512/2
Tu t'appelleras Tanga
2807/3

Romans, récits et documents

Le petit prince de Belleville
3552/3

Maman a un amant
3981/3

Assèze l'Africaine
4292/4

L'itinéraire tragique d'Assèze, une jeune Camerounaise, de son village aux mirages de Douala, puis aux « clandés » surpeuplés de Paris. Mêlant avec une magie singulière poésie, lyrisme et humour, Calixthe Beyala fait surgir une foule de personnages d'où émerge le couple étrange que forment Assèze et Sorraya, les sœurs ennemies.

BIGEARD Général
De la brousse à la jungle
3995/4 Illustré

BLUE Corine
L'oiseau libre
4493/3

BOCCOLINI Laurence
Je n'ai rien contre vous personnellement
4412/3

BOGGIO Philippe
Coluche
3268/7

BORY Jean-Louis
Mon village à l'heure allemande
81/4

BOTTE Marie-France & MARI Jean-Paul
Le prix d'un enfant
3983/4 Illustré

BOUDARD Alphonse
Saint Frédo
3962/3

BOUILLOT Françoise
La boue
4139/3

BOURDIN Françoise
Les vendanges de Juillet
4142/6

Terre Indigo
4382/5

Ruinés, les Vallogne quittent Bordeaux en 1920 pour Cuba. Au lieu de la riche plantation qu'ils avaient achetée, ils ne découvrent qu'une cabane...

Juillet en hiver
4496/5

BRANDO Marlon
Les chansons que m'apprenait ma mère
4143/7 Illustré

Marlon Brando retrace sa carrière d'acteur, sa vie d'homme et son engagement pour la défense des Indiens et d'autres minorités opprimées d'Amérique du Nord.

BRAVO Christine
Avenida B.
3044/3

Les petites bêtes
3104/2

Les grosses bêtes (un érotisme inattendu)
3770/3

Les bêtes, petites ou grosses, sont aussi compliquées que nous et leurs amours sont bien difficiles !

L'adieu à Tolède
4393/6

Changer tout
4497/7

BRIAND Charles
Le seigneur de Farguevieille
4074/4

BROUILLET Chrystine
Marie LaFlamme
- Marie LaFlamme
3838/6

- Nouvelle-France
3839/6

- La renarde
3840/6

DE BURON Nicole
Les saintes chéries
248/3

Vas-y maman
1031/2

Dix-jours-de-rêve
1481/3

Qui c'est, ce garçon ?
2043/3

C'est quoi, ce petit boulot ?
2880/4

Où sont mes lunettes ?
3297/4

Arrêtez de piquer mes sous !
3652/5

Impôts, cotisations, taxes, prélèvements, vignettes, TVA... c'est trop ! Le ras-le-bol d'une contribuable excédée mais d'un humour à toute épreuve.

Arrête ton cinéma !
4251/4

BYRNE Beverly
Gitana
3938/8

CAILHOL Alain
Immaculada
3766/4 Inédit

CAISNE Arielle
L'ortie
3836/1

CALFAN Nicole
La femme en clef de sol
3991/2

CAMPBELL Naomi
Swan
3827/6 Inédit

Romans, récits et documents

CARREL DANY
L'Annamite
3459/7

CARROLL LEWIS
Alice au pays
des merveilles
3486/2

DES CARS GUY
1911-1993. D'abord journaliste, il entama, avec L'officier sans nom une carrière littéraire qui en fera l'écrivain français le plus lu dans le monde.

La brute
47/3
Accusé de meurtre et traduit en justice, un sourd-muet, aveugle de naissance va être condamné.

Le château de la juive
97/4

La tricheuse
125/4

L'impure
173/4

La corruptrice
229/3

La demoiselle d'Opéra
246/4

Les filles de joie
265/3

La dame du cirque
295/3

Cette étrange
tendresse
303/3

L'officier sans nom
331/3

La maudite
361/4
Entre un père despotique et une redoutable gouvernante, une jeune fille reçoit une éducation rigide. Elle n'aura que plus tard la révélation de sa dualité sexuelle.

L'habitude d'amour
376/3

La révoltée
492/4

Une certaine dame
696/5

L'insolence de sa
beauté
736/3

La justicière
1163/2

La vie secrète de
Dorothée Gindt
1236/1

L'envoûteuse
2016/5

Le crime de Mathilde
2375/4
L'histoire d'une étonnante captation d'héritage et d'une femme qui ne vécut que pour un seul amour.

La voleuse
2660/4

Le grand monde
2840/6

L'amoureuse
3192/4

Je t'aimerai
éternellement
3462/4

La femme-objet
3517/3

L'amant imaginaire
3694/6
Hôtesse dans un établissement très spécial, Solange se préserve en s'inventant un amant imaginaire qui fait rêver ses amies.

La visiteuse
3939/3

CATO NANCY
Lady F.
2603/4

Tous nos jours
sont des adieux
3154/8

Marigold
3837/2

CAVANNA
Les pensées
4388/2
Drôles, acides, impertinentes, les pensées de Cavanna donnent envie de rire ou de pleurer, mais font à coup sûr réfléchir.

CERF MURIEL
L'antivoyage
3883/3

CESBRON GILBERT
Chiens perdus sans collier
6/2

C'est Mozart
qu'on assassine
379/3

CHABROL DOMINIQUE
Desproges
4056/3

CHAMSON ANDRÉ
La Superbe
3269/7

La tour de Constance
3342/7

CHAZAL CLAIRE
Balladur
3581/3

CHEDID ANDRÉE
La maison sans racines
2065/2

Le sixième jour
2529/3

Le sommeil délivré
2636/3

L'autre
2730/3

Les marches de sable
2886/3

L'enfant multiple
2970/3

La cité fertile
3319/1

La femme en rouge
et autres nouvelles
3769/1

Romans, récits et documents

Romans, récits et documents

CLAVELL JAMES
Shogun
4361/6 & 4362/6
En l'an 1600, un navire européen s'échoue sur les côtes japonaises, où les survivants du naufrage sont faits prisonniers. John Blackthorne découvre alors un monde inconnu, à la fois cruel et raffiné, en proie à de sauvages combats de clans. Fasciné, il assiste à l'ascension de l'inquiétant Toranaga qui va devenir Shogun, c'est-à-dire dictateur, maître absolu du Pays du Soleil Levant.

CLÉMENT CATHERINE
Pour l'amour de l'Inde
3896/8

COCTEAU JEAN
Orphée
2172/1

COELHO PAULO
L'Alchimiste
4120/4
Sur le bord de la rivière Piedra
4385/4
Pilar retrouve son compagnon d'enfance, perdu onze ans plus tôt. Tous deux sont à la recherche de leur vérité et veulent aller jusqu'au bout de leurs rêves. Une histoire d'amour qui est aussi le récit d'une quête initiatique.

COLETTE
Le blé en herbe
2/1

COLLARD CYRIL
Cinéaste, musicien, il a adapté à l'écran et interprété lui-même son second roman Les nuits fauves. Le film, 4 fois primé, a été élu meilleur film de l'année aux Césars 1993. Quelques jours plus tôt Cyril Collard mourait du sida.

Les nuits fauves
2993/3

Condamné amour
3501/4
L'ange sauvage
3791/3

COLOMBANI MARIE-FRANÇOISE
Donne-moi la main, on traverse
2881/3
Derniers désirs
3460/2

COLUCHE
Coluche Président
3750/4

COMBE ROSE
Le Mile des Garret
4333/2

CONNOR ALEXANDRA
Les couleurs du rêve
4207/5

CONROY PAT
Le Prince des marées
2641/5 & 2642/5

DATH ISABELLE & HARROUARD PHILIPPE
Alain Juppé ou la tentation du pouvoir
4073/3

DENUZIÈRE MAURICE
Helvétie
3534/9
La Trahison des apparences
3674/1
Rive-Reine
4033/6 & 4034/6

DEVEREUX CHARLES
Vénus indienne
3807/3
Mes amours sous les déodars
4409/4

DEVI PHOOLAN
Moi, Phoolan Devi, reine des bandits
4494/8 Illustré
Née parmi les parias, Phoolan Devi semblait promise, en Inde, à un esclavage sans issue. Mais sa révolte a fait d'elle un symbole d'espoir pour des millions de femmes. Mariée à onze ans, maltraitée puis abandonnée, violée par une bande de hors-la-loi, elle se rebelle et se venge. Devenue la reine des bandits, elle vole les riches pour donner aux pauvres, tandis que sa tête est mise à prix...

DHÔTEL ANDRÉ
Le pays où l'on n'arrive jamais
61/2

DICKEY JAMES
Délivrance
531/3

DIWO JEAN
Au temps où la Joconde parlait
3443/7
L'Empereur
4186/7
Les dîners de Calpurnia
4539/7

DJIAN PHILIPPE
Né en 1949, sa pudeur, son regard à la fois tendre et acerbe, et son style inimitable ont fait de lui l'écrivain le plus lu de sa génération.

37°2 le matin
1951/4
Bleu comme l'enfer
1971/4
Zone érogène
2062/4
Maudit manège
2167/5

Romans, récits et documents

50 contre 1
2363/2

Echine
2658/5

Crocodiles
2785/2

Cinq histoires qui racontent le blues des amours déçues ou ignorées. Mais c'est parce que l'amour dont ils rêvent se refuse à eux que les personnages de Djian se cuirassent d'indifférence ou de certitudes. Au fond d'eux-mêmes, ils sont comme les crocodiles : « des animaux sensibles sous leur peau dure ».

DOBYNS STEPHEN

Les deux morts
de la Señora Puccini
3752/5 Inédit

DORIN FRANÇOISE

Elle poursuit avec un égal bonheur une double carrière. Ses pièces (La facture, L'intoxe...) dépassent le millier de représentations et ses romans sont autant de best-sellers.

Les lits à une place
1369/4

Les miroirs truqués
1519/4

Les corbeaux
et les renardes
2748/5

Nini Patte-en-l'air
3105/6

Au nom du père
et de la fille
3551/5

Un beau matin, Georges Vals aperçoit l'affiche d'un film sur laquelle s'étale le corps superbe et intégralement nu de sa fille. De quoi chambouler un honorable conseiller fiscal de 63 ans !

Pique et cœur
3835/1

La Mouflette
4187/4

La Mouflette, c'est Ophélie, un bébé. Elle, c'est sa grandmère, la quarantaine, qui vit une seconde jeunesse, un nouvel amour. Lui, c'est l'amant, qui supporte mal la situation...

DUBOIS JEAN-PAUL

Les poissons
me regardent
3340/2

DUBOIS SONIA

Journal d'une grosse
repentie
4461/3

DUPONT MARIE-NOËLLE

Rendez-moi mes enfants
4054/3

DUQUESNE JACQUES

Jésus
4160/4

Une biographie qui dérangea les milieux catholiques traditionnels. Jacques Duquesne trace un portrait prudent et mesuré d'un personnage historique.

DURIÈS VANESSA

Le lien
3678/3

DUROY LIONEL

Priez pour nous
3138/4

D'EAUBONNE FRANÇOISE

Isabelle Eberhardt
2989/6

DR ETIENNE JEAN-LOUIS

Transantarctica
3232/5

6 300 km dans un désert glacé, avec trois traîneaux et quarante chiens. Un pari insensé.

FAUCHER ELISABETH

Rends la monnaie, papa!
3746/3 Inédit Illustré

FERBER EDNA

Show-Boat
4016/5

Cimarron
4205/4

FIECHTER JEAN-JACQUES

Tiré à part
3912/3

L'ombre au tableau
4498/3

FIELD MICHEL

L'homme aux pâtes
3825/4

FIELDING JOY

Dis au revoir à maman
1276/4

La femme piégée
1750/4

FLAGG FANNIE

Beignets de tomates
vertes
3315/7

Daisy Fay et l'homme
miracle
4334/5

FLÉOUTER CLAUDE

Johnny, la dernière
des légendes
3610/4 Illustré

FOUCHET LORRAINE

Jeanne, sans domicile
fixe
2932/4

FRANÇOIS JACQUES

Rappels
3982/4 Illustré

FREEDMAN J.F.

Par vent debout
3658/9 Inédit

Romans, récits et documents

FRISON-ROCHE

Né à Paris en 1906, l'alpinisme et le journalisme le conduisent à une carrière d'écrivain. Aujourd'hui il partage son temps entre de grands reportages, les montagnes du Hoggar et Chamonix.

Premier de cordée
936/3

La grande crevasse
951/3

Retour à la montagne
960/3

La piste oubliée
1054/3

Le rendez-vous
d'Essendilène
1078/3

Djebel Amour
1225/4

En 1870, une jolie couturière épouse un prince de l'Islam. A la suite de Si Ahmed Tidjani, elle découvre, éblouie, la splendeur du Sahara. Décidée à conquérir son peuple, elle apprend l'arabe, porte le saroual et prend le nom de Lalla Yamina.

La dernière migration
1243/4

Les montagnards
de la nuit
1442/4

Frison-Roche, qui a lui-même appartenu aux maquis savoyards, nous raconte le quotidien de ces combattants de l'ombre.

L'esclave de Dieu
2236/6

Le versant du soleil
3480/9

GAGARINE MARIE

Blonds étaient les blés
d'Ukraine
3009/4

Le thé chez la comtesse
3172/5 Illustré

GEDGE PAULINE

La dame du Nil
2590/6

L'histoire d'Hatchepsout, reine d'Egypte à 15 ans. Les splendeurs de la civilisation pharaonique et un destin hors série.

GEORGY GUY

La folle avoine
3391/4

Le petit soldat
de l'Empire
3696/4

GLASER ELIZABETH & PALMER LAURA

En l'absence des anges
3318/6

GOLON ANNE & SERGE

Angélique
Marquise des Anges
2488/7

Angélique le chemin
de Versailles
2489/7

Angélique et le Roy
2490/7

Indomptable
Angélique
2491/7

Angélique se révolte
2492/7

Angélique et son
amour
2493/7

Angélique
et le Nouveau Monde
2494/7

La tentation d'Angélique
2495/7

Angélique et la
Démone
2496/7

Angélique et le
complot des ombres
2497/5

Angélique à Québec
2498/5 & 2499/5

La route de l'espoir
2500/7

La victoire d'Angélique
2501/7

GOTLIB

J'existe, je me suis
rencontré
3719/4

GOURIO JEAN-MARIE

Brèves de comptoir
3978/3, 4015/3, 4052/4,
4291/4 & 4441/4

A l'heure de l'apéritif, dans les 150 000 bistrots, on refait le monde, les gouvernements, on déclare des guerres, on invente des lois, on reconstruit des villes, on replante des forêts... On va même jusqu'à avancer la date du beaujolais nouveau !

GRAM DEWEY

Le Journal
3822/5

L'Ombre et la Proie
4418/4

GRAY MARTIN

Le livre de la vie
839/2

Les forces de la vie
840/2

GROULT FLORA

Après des études à l'Ecole des arts décoratifs, elle devient journaliste et romancière. Elle écrit d'abord avec sa sœur Benoîte, puis seule.

Maxime
ou la déchirure
518/1

Un seul ennui, les jours
raccourcissent
897/2

A 40 ans, Lison épouse Claude, diplomate à Helsinki. Elle va découvrir la Finlande et les enfants de son mari. Une erreur ?

R.I.D. Composition – 91400-Gometz-la-Ville
Achevé d'imprimer en Europe (France)
par Brodard et Taupin à La Flèche (Sarthe)
le 21 octobre 1997. 1044T-5
Dépôt légal octobre 1997. ISBN 2-290-04624-8
Éditions J'ai lu
84, rue de Grenelle, 75007 Paris
Diffusion France et étranger : Flammarion

4624